【韓國傳統料理】

한국 전통 요리

Korean Traditional Cuisine

이우철 · 이정삼

지식인

한국전통요리

2020년 3월 25일 초판 1쇄 인쇄
2020년 3월 30일 초판 1쇄 발행

지은이 | 이우철·이정삼
펴낸이 | 김종욱·명사동
펴낸곳 | 지식인
등 록 | 제301-2013-134호
주 소 | 서울시 도봉구 도봉로 180길 20 투웨니퍼스트 102동 602호
전 화 | 02)2266-8606 (대)
팩 스 | 02)2266-8607
이메일 | jisikin2013@naver.com
홈페이지 | www.jisikinbook.co.kr

ISBN 979-11-88105-57-1 (93590)

값 25,000원

한국전통요리

음식문화는 그 나라 사람들의 기호적 취향보다 지리적, 지형적, 기후적, 생태학적 조건에 따라 결정되고 발전하며, 특정한 사건 등에 의해 일시적인 변화를 겪으면서 융합되어 나아갑니다.

특히 우리나라의 음식문화를 한 단어로 종합하면 '나눔'이라고 할 수 있습니다. 우리나라의 가족 형태가 식구가 많은 대가족에서 핵가족 혹은 홀로 사는 가족 형태로 바뀌게 된 것도 우리나라의 식문화에 많은 영향을 주며, 담금류나 절임류 같은 손이 많은 노력들을 자연스럽게 배제하는 것이 실상입니다. 또한 경제적 논리에 따라 바쁜 시간에 쫓겨 가정에서 음식을 만들어 먹는 것보다, 마트에서 사다가 먹거나 손쉽게 어플리케이션을 사용하여 배달해 먹는 등 식문화와 식사 형태가 변화하고 있습니다.

세계에는 수많은 나라가 있으며, 그 나라와 문화마다 각기 다른 음식의 조리법이 발달해 왔습니다. 그러나 바쁜 일상과 매스컴 및 인터넷의 발달로 많은 음식에 대한 정보와 다양한 식재료의 공급으로, 우리 고유의 맛과 우리만이 가진 식문화의 멋이 점점 사라져 가고 있습니다.

어쩌면 다양한 식재료와 인터넷을 통해 폭넓은 조리를 하게 되어 다양성은 높아졌을지 모르지만, 손이 많이 가고 과정이 복잡한 장류, 담금류, 절임류 등은 기계화되고 계량화된 공장의 제품들로 대체되며 우리들이 좋아하고 '정'이 담긴 '손맛'이 점점 사라져 가고 있는 실정입니다. 전통이란, 대를 이어 계승해 나가야 한다는 점이 중요한데, 우리나라 고유의 한국음식을 만드는 방법들이 점점 잊혀져 가고 있는 것입니다.

우리나라는 사계절이 뚜렷하고 삼면이 바다로 둘러싸인 지리적 특성으로 인해, 농수산물이 풍부하여 다양한 식재료를 이용한 조리법이 발달하였습니다. 이로 인해 우리의 전통음식은 계절과 지방의 독특한 색채가 잘 어우러져 있으며, 음식 재료의 조화와 식품의 배합이 합리적으로 이루어진 과학적인 음식으로 평가받고 있습니다. 또한 최근 건강식으로 주목받고 있는 장류, 김치류, 젓갈류 등의 발효식품의 개발과 식품저장 기술도 일찍부터 발전되어 왔습니다.

최근 아시아권을 중심으로 한국 영화와 드라마 등을 통한 한류 열풍이 고조되면서 한국음식과 문화에 대한 관심이 매우 빠르게 증가하고 있습니다. 그동안 프랑스, 독일, 일본, 중국, 미국 등 세계 여러 나라에서 개최된 한국음식 전시회에서도 그 어느 때보다 높아진 우리 음식과 문화에 대한 관심을 확인할 수 있었습니다.

한국음식이 세계시장으로 진출하기 위해서는 우리 음식의 우수성을 스스로 찾아내고, 세계인이 좋아하는 한국의 맛을 발굴하여 상품화 하는 등 한국음식의 새로운 가능성과 시장을 창출해야 할 것입니다.

제1부 이론편 : 한국음식의 맛과 멋

제2부 실기편 : 한국음식의 실제와 응용

K O R E A N

F O O D

제1부 이론편

한국음식의 맛과 멋

제1장
한국전통요리

한국음식의 역사와 식생활

1. 한국음식의 역사

우리나라의 식생활 문화는 자연적 환경과 사회·문화적 환경을 바탕으로 오랜 역사와 함께 변천과 발전을 거듭하며 고유하게 형성되어 왔다. 우리나라는 사계절이 뚜렷하며 삼면이 바다로 둘러싸여 있어서 수산자원이 풍부하고, 또한 산과 평야가 고루 분포되어 있기 때문에 일찍부터 수렵이나 벼농사 등의 농경이 발달하였다.

신석기 이전의 원시농경시대에는 주로 수렵과 어로, 채집에 의한 생활을 하다가, 신석기 중기에 이르러 벼농사를 시작하면서부터 원시적 농경의 형태를 갖추었다. 기원전 2000년경에는 우리민족의 원형인 맥족(貊族)이 형성되고 이들을 바탕으로 고조선이 세워졌다(BC 2333).

이후에 부족국가시대에 접어들면서 중국의 철기문화와 유목민족의 영향을 받아 벼, 기장, 조, 보리, 콩, 수수, 팥 등을 재배하는 농경문화가 시작되었으며, 이후 유목을 통해 가축의 생산이 크게 늘어났다.

기원전 4세기경에는 농업이 발전하여 국가의 기반산업이 되었으며, 풍요로운 생산을 기원하고 생산물에 대한 감사의 뜻에서 하늘에 제사를 지내는 각종 제천의식들이 생겨남으로써 백성이 함께 어울리고 음식을 나눠먹는 식습관이 형성되었다. 특히 고구려인들은 콩을 이용한 발효식품인 시(豉)를 만들었다.

삼국시대와 통일신라시대는 철기구의 발달로 농경기술이 발달하고 토착화 된 시기이다. 이 시기의 가장 큰 특징은 불교가 전파되어 음다(飮茶)의 풍습이 생겨나고 살생 금지령으로 육식의 섭취가 제한되어 육류를 이용한 조리법이 쇠퇴하였다. 반면에 채소나 어패류를 이용한 발효기술이 발달했으며, 곡류를 주식으로 하고 채소류, 육류, 어패류를 부식으로 하는 한국 식생활 구조가 확립되었다.

고려시대에는 불교가 더욱 융성해져서 사찰음식이 크게 발달했으며 '쌈' 등의 식물성 재료를 이용한 음식이 발전하였다. 그러나 고려 후기에는 몽고의 영향으로 육식의 문화가 되살아나 '설야적(雪夜炙)'과 같은 고기요리법이 발달하였고, 후추와 소주 등을 수입하여 요리에 사용하였다. 따라서 고려시대는 우리나라 식생활문화의 전반적인 체계가 확립된 시기라 할 수 있다.

조선시대는 유교의 영향으로 오늘날 일상식의 구조와 식생활의 기틀이 확립된 시기이다. 불교를 배척하고 유교를 숭상하는 숭유억불 정책으로 유교문화가 정착되면서, 차 대신에 숭늉을 마시거나 음청류와 주류가 발달하는 등 식생활에 커다란 영향을 미치게 되었으며, 농서의 간행으로 농업기술이 발달하였고 음식을 만드는 조리서가 간행되었다.

식생활 문화가 발달하면서 3첩, 5첩, 7첩, 9첩 등 상차림의 구성법이 정착되었고, 고추의 전래로 한국음식의 맛과 색에 큰 영향을 끼쳤으며 김치가 오늘날 한국의 대표적인 음식으로 발전하는 계기가 되었다. 또한 고추장은 간장, 된장과 더불어 한국음식의 맛을 좌우하는 양념이 되었으며, 장 담그기와 김장이 각 가정의 연중행사가 되어 추운 겨울을 대비한 젓갈류, 장류, 김치류 등의 저장발효음식이 발달하였다.

이와 같이 우리 민족은 쌀과 잡곡 등 곡물 중심의 식생활을 위주로 하면서도 수조육류와 채소류를 이용한 발효음식과 저장음식이 발달했으며, 각 지역에서 나는 산물을 이용한 향토음식과 계절에 나는 산물을 이용하여 시식과 절식을 만들어 먹음으로써 식생활의 기틀을 이루어왔다. 여기에 사회·문화적인 관습과 그 시대에 따른 종교적인 배경이 식생활에 영향을 주면서 우리민족 고유의 식생활을 형성하게 되었다.

〈한국음식의 역사〉

시 대	특 징
구석기시대	– 사냥·채집, 불의 이용
신석기시대(빗살무늬토기)	– 고기잡이, 사냥, 조개줍기(초기) – 원시농경생활(후기)
청동기시대	– 농경의 정착, 목축의 발달, 육류요리의 발달
철기시대(부족국가시대)	– 농경이 더욱 발달, 제천의식, 곡물을 쪄서 밥·떡·술을 만드는 기술 발달, 맥적(고구려)
삼국시대	– 농업사회의 정착, 일상식 구조의 형성, 불교 유입(살생과 육식 금함) – 곡물을 주로 하는 떡·과정류 등이 발달
고려시대	– 불교의 융성(육식문화 쇠퇴), 사찰을 중심으로 한 차문화 전파 및 성행(다방), 다과상 차림의 규범 확립, 객관, 소주 유입(원·송)
고려시대 후기	– 몽고의 지배(육식 풍습 다시 대두, 육식 조리법, 도살법) – 곡류 조리법 다양, 저장음식(간장, 된장, 술, 김치)
조선시대	– 배불숭유정책(차문화 쇠퇴, 식생활 다양해짐, 조리서·술 제조 서적) – 육식 복원에 따른 견육식 – 외래식품 유입(고추 – 김치의 혁명, 호박, 고구마, 감자) – 온돌의 보급과 좌식 상차림, 상차림의 구성법 정착, 주식과 부식의 분리
근 대	– 서양음식의 도입(손탁의 역할, 외국어 학교), 커피의 도입 – 전문 요정 개설(명월관), 식사방법의 변화, 단체급식의 시작, 여성교육의 시작(이화학당)

2. 한국음식의 식생활

(1) 농산물을 바탕으로 한 식생활 문화 형성

① 미곡 중심의 식물성 식품이 주종

② 발효법 : 술을 담가 마시는 방법, 곡식으로 만든 소주 발달

③ 김치, 장아찌 등 염장기술 발달

④ 국물을 마시는 식사법 발달 : 숟가락과 식기의 발달

(2) 식생활의 이중구조 : 일상식과 의례음식의 이중구조

(3) 가족제도와 의례 : 대가족제도, 가부장제도, 제사제도에 따른 식생활 문화 형성

(4) 구강성과 즉흥성 : 풍류성

한국음식의 특징

우리나라는 위로는 대륙과 맞닿아 있고 삼면이 바다로 둘러싸여 있어 다양한 산물을 얻을 수 있는 위치에 있어 수산물, 조류, 육류, 채소류를 이용한 조리법도 발달되었고, 사계절의 구분이 뚜렷하여 계절에 따른 음식과 이를 이용한 저장발효음식이 발달하였다. 또한 각 지역에서 나는 산물을 이용하여 지방의 특색을 살린 향토음식이 발달했으며, 종교의 영향으로 사찰음식과 통과의례음식 등 음식문화가 다양해지는 계기가 되었다. 따라서 우리나라 고유의 음식문화는 오랜 역사 속에서 자연적인 배경과 사회·문화적인 환경의 변화에 따라 함께 어우러지고 동화되어 형성·발전해 왔으며, 다음과 같은 특징을 가지고 있다. 조선시대 궁중음식을 근간으로 하는 궁중·반가음식, 일반 대중들의 서민음식을 비롯하여 각 지역에 따른 향토음식도 특색 있게 발달해 왔다.

1) 주식과 부식의 구분

한국음식은 밥을 주식으로 하여 여러 가지 부식을 먹는 것이 일상적인 형태로, 주식으로 부족해지기 쉬운 영양을 부식으로 균형을 맞추어 한 끼 식사가 되도록 하였다. 부식으로는 발효음식인 김치를 기본으로 채소류, 육류, 어류, 해초류 등의 다양한 재료들을 이용하여 조리법을 달리한 많은 찬 종류가 발달했으며, 재료와 조리법의 중복을 피한 상차림이 되도록 하였다.

2) 갖은 양념과 고명의 사용

우리나라 음식의 특징은 '조화된 맛'으로, 음식의 맛을 내는데 있어서 '갖은 양념'이라고 하여 여러 가지 양념을 복합적으로 사용한다. '갖은 양념'은 파, 마늘, 고춧가루, 간장, 된장, 참기름, 식초, 깨소금 등을 말하며, 이것을 음식에 적절히 사용하여 한국 고유의 음식맛을 낸다. 양념이란 말은 한문으로는 '약념(藥念)'으로 표시하는데, 이는 조미료를 쓸 때에 "몸에 이로운 약이 되도록 염두에 둔다."라는 뜻으로 양념을 적절히 사용해야 한다는 것을 의미한다. 또한 잣, 버섯, 은행, 알지단 등을 고명으로 만들어 음식을 아름답게 장식한다.

3) 음식에 음양오행과 약식동원의 근본사상

우리 음식은 맛뿐만 아니라 약식동원(藥食同源)이라고 하여 "입으로 먹는 음식은 몸에 약이 된다."는 근본사상에서 비롯되었다. 따라서 일상의 음식에 꿀, 후추, 계피, 인삼, 대추, 오미자, 구기자 등의 한약재가 되는 재료들이 많이 이용된다. 또한 음양오행의 원리에 따라 한 가지 음식에도 다섯 가지 색이 고루 들어가도록 조리하여 먹음으로서 사람의 건강까지 생각한다.

4) 상차림의 발달

우리나라의 상차림은 밥과 반찬이 주가 되는 일상식의 반상차림과, 사람이 태어나서 죽을 때까지의 통과의례에 따르는 의례상차림으로 구분된다. 반상은 3첩, 5첩, 7첩, 9첩, 12첩으로, 주식의 종류나 상차림의 목적에 따라 구분된다. 또한 면이나 만두를 주식으로 하는 면상을 비롯하여 잔치 때 손님 접대용으로 차리는 교자상, 술을 주로 하는 주안상 등의 상차림으로 다양하게 발달하였다.

5) 향토음식과 시절음식 및 저장발효음식의 발달

우리나라는 8도로 이루어져 각 지역의 토산품을 이용한 향토음식이 발달하였다. 사계절이 뚜렷하여 계절에 따른 시식이 발달하여, 각 계절에 나는 산물을 이용한 젓갈이나 김치 등의 저장발효음식이 발달하였다. 또한 열두 달 절기마다 특별한 음식을 해 먹는 풍습 때문에 절식이 발달하였다.

6) 곡류의 가공발달

농경국가로서 쌀을 주식으로 재배하면서도 잡곡과 콩 재배도 활발하여 쌀을 비롯하여 보리, 밀, 콩, 조, 메밀, 팥, 수수, 옥수수 등의 잡곡들을 이용한 가공식품이 발달하였다. 곡류로 만든 음식으로는 죽, 밥, 국수, 만두, 수제비, 묵, 떡, 한과, 음청류 등이 있고, 콩류로 만든 음식으로는 간장, 된장, 고추장 두부 등이 있다.

1. 한국음식의 영양상 특징

식물성 식품을 주로 섭취하기 때문에 소화가 잘되는 반면, 동물성 단백질과 지방의 섭취량이 부족하여 균형 잡힌 영양소 섭취가 어렵다. 일찍이 우리나라는 상고시대부터 지리적 위치나 지세, 기후가 농경에 적합하여 농경을 주로 하는 농경국으로 발전하였다. 따라서 농산물이 주가 된 식생활 문화가 형성되었기 때문에 미작(米作) 위주의 식물성 식품이 주류를 이룬다. 그러나 신선로, 전골류, 잡채 등의 음식은 재료를 고루 이용하므로 재료의 배합이 영양상 매우 합리적이다.

1) 조리 및 음식 배합의 과학성

동물성식품과 식물성식품 재료를 균형 있게 배합하여 영양적인 면을 고려했으며, 재료들을 보면 맛, 영양, 향의 과학적인 배합을 알 수가 있다. 나물을 무칠 때 깨소금과 참기름을 사용하거나, 소고기에 표고버섯과 채소를 같이 사용하는 등 음식 재료의 간 배합을 고려하여 과학적으로 영양소의 상호 보완작용을 해주면서 약성효과와 함께 시각적인 면과 미각적인 면을 충족시켜 준다.

2) 약식동원 사상

음식의 재료 배합이나 양념의 쓰임에 있어 "입으로 먹는 음식은 몸에 약이 된다."는 사상이 나타나 있다. 이는 조선시대의 효(孝)를 근본으로 하는 유교에서 비롯된 것으로, 보통 음식에 꿀, 인삼, 생강, 대추, 밤, 오미자, 구기자, 당귀 등을 사용했으며, 식용 가능한 산채의 어린잎이나 열매, 뿌리, 나무의 어린 싹, 나무껍질, 부식재료, 병과류도 활용하였다. 특히 꿀과 참기름이 많이 들어가는 약과, 약식, 약주 등의 음식에 '약'자를 붙였다.

2. 한국음식의 조리상 특징

한국음식은 잘게 써는 칼질이 많이 쓰여 소화가 잘되고 먹기 편한 점이 있으나, 시간과 노력이 많이 든다. 그리고 조미료의 사용이 비슷하고 그 양이 많아 식품 본연의 맛을 잃어 음식의 맛이 거의 비슷한 점이 있다. 삶기, 전부치기 등의 가열조리법이 많이 쓰이며, 육류요리 중 너비아니구이, 갈비찜 등은 매우 훌륭한 조리법을 지닌 요리이다. 반면에 날것으로 하는 조리법은 드물다.

1) 다양한 양념과 고명

음식의 맛을 낼 때는 '갖은 양념'이라고 하여 간장, 소금, 고추장, 된장, 설탕, 식초, 파, 마늘, 생강, 깨소금, 참기름, 후춧가루, 고춧가루, 겨잣가루, 계피, 천초, 참기름, 들기름 등의 양념을 용도에 따라 골고루 사용하여 식품 자체의 맛보다 양념과 어우러진 복합적인 맛을 즐겼다. 고명은 음식의 색감과 맛을 돋우어 주는데, 달걀의 황·백지단, 알쌈, 미나리촛대, 잣, 은행, 호두, 밤, 대추, 표고버섯, 석이버섯, 실고추, 고기완자 등을 사용하여 음식을 장식하고 아름다움과 멋을 낸다.

2) 다양한 음식의 종류와 조리법

한국음식의 주식은 밥, 죽, 미음, 국수, 만두, 냉면, 떡국, 칼국수, 수제비 등 350여 가지 이상이 있고, 부식으로는 육류인 소고기, 돼지고기, 닭고기, 꿩고기, 오리고기 등과 어류인 조기, 고등어, 명태, 대구, 민어, 꽁치, 멸치, 아귀, 복어, 메기, 미꾸라지 등뿐만 아니라 해조류, 연체류, 갑각류, 채소류 등을 재료로 하여 국, 찌개, 구이, 전, 조림, 볶음, 편육, 나물, 생채, 젓갈, 포, 장아찌, 찜, 전골, 김치 등 1,500여 가지 이상의 조리법이 있다. 일상식 외에 떡, 과자, 엿, 화채, 차, 술 등의 후식과 기호음식들이 800여 가지 있고, 떡 종류도 200여 가지가 넘는다.

3) 저장식품의 발달

각 계절에 따라서 장 담그기, 김장 담그기, 채소 말리기, 젓갈 담기, 포 만들기 등 저장발효식품과 건조저장식품을 만들어 먹는다. 우리나라 지형의 특성상 동서 지역, 산간과 평야, 해안에 따른 풍토상의 특징적인 식문화에 영향을 미쳐 지역별 농산물의 차이와 음식 조리법에 있어서도 차이를 나타내고 있다. 또한 장류 담는 방법과 장독대의 모양 차이로도 나타나고, 김치의 경우는 지방에 따라 기후의 차이가 있어 간을 다르게 하여 맛을 보완하며, 젓갈은 각 고장의 조개류와 생선으로 종류별로 발달된 것이 특징이다.

4) 습열조리

국, 찌개, 탕, 감정, 전골 등의 습열조리가 많다.

5) 썰기나 다지기 등의 섬세한 조리방법

육류나 채소를 이용한 찜이나 조림 등은 먹기 좋은 크기로 만들어 조리하며, 썰기나 다지기 등을 이용한 잡채 또는 구절판 등의 섬세한 요리가 발달하였다.

6) 조미료와 향신료가 많이 사용되나, 음식마다 대부분 비슷하게 사용

모든 음식에 갖은 양념을 이용하여 맛을 내며, 한과류나 떡류 및 음청류는 꿀, 설탕, 계피가루 등을 이용하여 맛을 낸다.

7) 곡물류의 가공 조리법이 다양하게 발달

곡류를 이용하여 밥, 죽, 면을 만들어 주식으로 이용하며, 발효시켜 술, 식초, 식혜, 엿 등으로 다양하게 이용하였다. 음식의 종류에 따라 조리법이 다르며 곡류, 육류, 어류, 채소류, 해조류 등을 재료로 하여 밥, 국, 찌개, 찜, 구이, 나물, 생채, 전, 조림, 김치, 장아찌, 젓갈 등 음식의 종류가 다양하다. 특히 곡류를 이용한 음식이 발달했으며, 상차림의 구성에 있어서 음식의 종류와 조리법이 겹치지 않도록 하였다. 그 특징은 다음과 같다.

- 농경문화로 곡물조리법이 발달하였다.
- 기후조건의 재료 부족으로 가열조리법이 발달하였다.
- 곡류 중심의 식생활이 주식과 부식으로 분리된다.
- 잘게 써는 조리법이 많아 조리시간과 노력이 많이 든다.
- 음식의 맛을 중시하여 고명이나 조미료, 향신료의 이용이 섬세하나 음식마다 비슷하게 사용한다.
- 손맛에 의한 요리가 많이 발달하였고, 미리 썰어 조리하는 경우가 많다.
- 약식동원(藥食同源)의 의식으로 "입으로 먹는 음식은 몸에 약이 된다."고 믿는다.

3. 한국음식의 풍속상 특징

우리나라는 식생활에 풍류가 있으며, 그 예로는 절기음식 등에 공동의식의 풍속과 풍류성이 발달하였다. 또한 예절을 중히 여겼으며 풍류성과 주체성이 뛰어났다. 음식의 겉모양보다는 조화된 맛을 중요시 하였으므로 조미료, 향신료의 사용이 다양하고 조리 시 손이 많이 간다. 정월부터 섣달까지 각 계절에 맞춰 장 담그기, 김장 담그기, 채소 말리기, 젓갈 담그기, 포 만들기 등 저장발효 식품과 건조저장 식품을 마련하였고, 명절식과 시절식의 풍습이 있다. 제철에 나오는 식품들로 봄이면 진달래 화전, 쑥국, 여름인 복날에는 참외, 가을에는 유자화채, 밤단자 등 계절의 미각을 즐기는 풍류도 있고, 사월 초파일에는 느티떡을, 오월단오에는 더위를 이기기 위한 제호탕을, 유월에는 수단을 해먹는 등 매월의 절식풍습이 있다.

(1) 대가족제도 및 가부장제도에 의해 어른 중심의 독상이 발달하였고, 1인 중심의 식탁 구성을 이룬다.
(2) 상차림은 한꺼번에 차려지는 일체식이며, 첩의 수에 따른 반상차림 구성이 발달하였다.
(3) 식생활에 풍류가 있어 음식을 통해 교제와 여흥을 즐겼으며, 공동의식 풍속이 발달하였다.
(4) 일상식과 의례음식, 절식과 시식이 발달하였다.
(5) 궁중음식, 반가음식, 서민음식, 통과의례 상차림이 발달하였다. 이는 신분제도로 인해 궁중음

식, 반가음식, 서민음식이 발달했으며, 돌, 혼례, 상례, 제례 등과 같은 통과의례 상차림이 발달하였다.

⑹ 음식을 한 상에 차려 내는 공간전개형 상차림이다. 이는 밥, 국, 찌개, 장을 기본으로 한 기본찬과 생채, 숙채, 구이, 조림 등의 반찬류를 한 상에 차려 낸다.

⑺ 일상식은 독상차림이다. 밥과 반찬을 주로 한 일상식의 반상은 독상차림을 기본으로 한다.

① 조반과 석반을 중히 여겼다.

② 계절에 따른 저장식품이 발달하였다.

③ 의례를 중히 여겨 의례상이 다양하게 발전하였다.

④ 시절식이 발달하였다.

⑤ 궁중음식, 반가음식, 서민음식을 비롯한 지역에 따른 향토음식이 발달하였다.

⑻ 일상식과 의례식의 구분

일상식 상차림에는 죽상, 반상, 면상, 주안상, 교자상, 다과상 등이 있으며, 의례식 상차림에는 삼신상, 백일상, 돌상, 관례상, 온인상, 폐백상, 큰상, 제사상 등이 있다. 유교의례를 중히 여겼으며, 일상식은 독상 중심이었다. 또한 조반과 석반을 중히 여겼으며, 반드시 어른이 먼저 들고 나서 아랫사람들이 먹었고, 국물음식은 뜨거운 것을 오른쪽 앞에, 밑반찬은 왼쪽에 놓고, 수저를 놓는 자리나 사용법, 음식을 먹는 순서, 식사의 예법이 엄격하였다.

⑼ 시절음식과 향토음식의 풍습

명절이나 절기에 특별한 음식을 만들어 친척이나 이웃과 나누어 먹는 풍습이 있다. 명절음식으로 설날에는 떡국, 정월대보름에는 오곡밥과 묵은나물, 추석에는 송편 등을 먹었다.

시절음식은 제철에 나오는 신선한 재료로 음식을 만들어 먹는 풍습이다. 향토음식은 그 지역의 특산물을 재료로 하여 그 지역만의 고유한 조리법으로 만들어지는 음식이며, 토속 민속음식으로 가치가 매우 높다.

제3장
한국전통요리

한국음식의 문화

1. 한국음식의 상차림

상차림이란, 한 상에 차리는 주식류와 찬품을 배선하는 방법을 말한다. 한국의 일상음식 상차림은 전통적으로 독상이 기본으로, 한 상에 한꺼번에 모두 차려내는데 그 특징이 있다. 상은 네모지거나 둥근 것을 사용하고, 각각의 음식에 따른 놓는 장소가 정해져 있어 차림새가 질서정연했으며, 식사 때는 식사예법에 따른다. 일상식에서는 주식에 따라서 반상, 죽상, 장국상 등으로 나뉘며, 손님을 대접하는 교자상과 주안상 및 다과상 등이 있다. 반상에는 찬의 가짓수에 따라 3첩, 5첩, 7첩, 9첩, 12첩으로 나뉘며, 장국상은 밥 이외에 국수나 만두를 주식으로 하는 상을 말한다.

1) 일반식

(1) 반상차림

밥과 반찬을 주로 하여 격식을 갖추어 차리는 상차림으로, 받는 사람의 신분에 따라 명칭을 밥상, 진짓상, 수라상으로 구별하여 사용한다. 또 한 사람이 먹도록 차린 상을 외상(독상)이라고 하며, 두 사람이 먹도록 차린 반상을 겸상이라고 한다. 그리고 외상으로 차려진 반상에는 3첩, 5첩, 7첩, 9첩, 12첩이 있다.

3첩 반상은 있는 대로 적당히 먹었던 서민들의 상차림이었고, 5첩 반상은 어느 정도 여유가 있었던 서민층들의 상차림이었다. 7첩과 9첩은 반가의 상차림이었는데, 보편적인 것은 7첩이었고, 9첩 반상은 반가에서 차려먹는 최고의 상차림이다. 12첩 반상은 궁중에서 차리는 수라상차림인데, 수랏상은 반드시 12첩 반상이 아니고 그 이상이 되어도 상관이 없다. 이 첩이란 밥, 국, 김치, 조치, 종지(간장·고추장·초고추장 등)를 제외한 쟁첩(접시)에 담는 반찬의 수를 말한다.

첩수에 따른 반찬의 종류는 다음과 같으며, 반찬의 종류를 결정할 때는 재료가 중복되지 않도록 했고 색과 영양 등을 고려하였다.

① 3첩 반상 : 기본적인 밥, 국, 김치, 장 외에 세 가지 찬품을 내는 반상차림이다. 첩수에 들어가지 않는 음식은 밥, 국, 김치, 장이다. 첩수에 들어가는 음식은 생채 또는 숙채 및 구이 혹은 조림, 그리고 마른찬이나 장과 또는 젓갈 중에서 한 가지가 오른다.

- 밥, 국, 김치, 장 외에 3가지 찬품을 쟁첩에 내는 밥상
- 생채, 숙채, 구이 또는 조림(3가지)

(예) 현미밥, 근대토장국, 간장, 도라지생채, 호박나물, 삼치구이, 배추김치 등

② 5첩 반상 : 밥, 국, 김치, 장, 찌개 외에 다섯 가지 찬품을 내는 반상차림이다. 첩수에 들어가지 않는 음식은 밥, 국, 김치, 장, 찌개(조치)이다. 첩수에 들어가는 음식은 생채 또는 숙채, 구이, 조림, 전, 마른찬이나 장과 또는 젓갈 중에서 한 가지가 오른다.

- 밥, 국, 김치 2가지, 장류(간장·초간장), 찌개류 외에 5가지 찬품을 쟁첩에 내는 밥상
- 생채, 숙채, 구이나 조림, 전, 마른반찬이나 장과 또는 젓갈 중의 1가지(5가지)

(예) 풋콩밥, 시금치국, 생선찌개, 간장, 초간장, 오이생채, 고사리나물, 조기구이, 새송이전, 김부각, 나박김치, 배추김치 등

③ 7첩 반상 : 밥, 국, 김치, 장, 찌개, 찜, 전골 외에 일곱 가지 찬품을 내는 반상차림이다. 첩수에 들어가지 않는 음식으로는 밥, 국, 김치, 장, 찌개, 찜(선) 또는 전골이다. 첩수에 들어가는 음식으로는 생채, 숙채, 구이, 조림, 전, 마른찬이나 장과 또는 젓갈 중에서 한 가지, 그리고 회 또는 편육 중에서 한 가지가 오른다.

- 밥, 국, 김치 2가지, 장(간장·초간장·초고추장), 찜, 찌개나 전골 중 1가지 외에 7가지 찬품을 쟁첩에 내는 밥상
- 생채, 숙채, 구이, 조림, 전, 마른반찬이나 장과 또는 젓갈 중에서 1가지, 회(7가지)

(예) 팥밥, 콩나물국, 간장, 초고추장, 초장, 홍합초, 시금치나물, 다시마튀각, 표고전, 불고기, 더덕생채, 미나리강회, 배추김치, 깍두기, 민어찌개, 두부전골, 닭찜 등

④ 9첩 반상 : 밥, 국, 김치, 장, 찌개, 찜, 전골 외에 아홉 가지 찬품을 내는 반상차림이다. 첩수에 들어가지 않는 음식으로는 밥, 국, 김치, 장, 찌개, 찜, 전골이다. 첩수에 들어가는 음식으로는 생채, 숙채, 숙채, 구이, 조림, 전, 마른찬, 장과, 젓갈, 회 또는 편육 등이 오른다.

- 밥, 국, 김치 2가지, 장(간장·초간장·초고추장·겨자장), 찌개, 찜, 전골 외에 9가지 찬품을 쟁첩에 내는 반상

- 생채 2가지, 숙채, 구이, 조림, 전, 마른찬이나 장과 또는 젓갈 중에서 1가지, 회, 편육(9가지)

(예) 콩밥, 미역국, 간장, 초간장, 초고추장, 겨자장, 잡채, 겨자채, 더덕생채, 갈비구이, 닭조림, 고추전, 북어무침, 양지머리편육, 실파강회, 배추김치, 동치미, 달래된장찌개, 낙지전골, 호박선, 국자 등

⑤ 12첩 반상 : 밥, 국, 김치, 장, 찌개, 찜, 전골 외에 열두 가지 이상의 찬품을 내는 반상차림이다. 첩수에 들어가지 않는 음식으로는 밥, 국, 김치, 장, 찌개, 찜, 전골이 있다. 첩수에 들어가는 음식으로는 생채, 숙채, 구이 2종류(찬 구이·더운 구이), 조림, 전, 마른찬, 장과, 젓갈, 회, 편육, 수란 등이 있다.

- 밥, 국, 김치, 장, 찌개, 찜, 전골 외에 12가지 이상의 찬품을 쟁첩에 내는 궁중의 수랏상
- 생채 2가지, 숙채 2가지, 구이 2종류(찬 구이·더운 구이), 조림, 전, 마른찬이나 장과 또는 젓갈 중에서 1가지, 회 2가지(회·숙회), 편육(12가지)

⑵ 죽상차림

이른 아침에 초조반으로 내거나 간단히 차리는 상차림으로, 죽, 응이, 미음 등의 유동식을 중심으로 하고, 여기에 맵지 않은 국물김치(동치미·나박김치)와 젓국이나 소금으로 간을 한 맑은 찌개 및 두세 가지의 마른찬(육포·북어무침·매듭자반 등)과 소금이나 청장 또는 꿀 등을 종지에 담아서 낸다. 또 다른 죽상차림은 새벽에 일어나 처음으로 먹는 초초반, 또는 간단한 낮것상으로 차림대접이나 합에 죽을 담고 덜어서 먹을 공기와 수저를 놓는다.

① 응이상 : 응이, 동치미, 소금, 꿀 등

② 미음상

③ 흰죽상 : 흰죽, 젓국조치, 나박김치(또는 동치미), 매듭자반, 북어무침 등

(예) 잣죽, 타락죽, 흑임자죽

⑶ 면상(장국상)차림

면상은 국수, 떡국, 만두 등을 주식으로 하여 차리는 상차림으로, 더운 장국에 말아서 대접하므로 장국상이라고도 한다. 장국상은 조석(朝夕)의 식사보다는 점심 또는 간단한 식사로 차리는 상인데, 온면, 냉면, 떡국, 만둣국 등이 주식으로 오른다. 부식으로는 찜, 겨자채, 잡채, 편육, 전, 배추김치, 나박김치, 생채, 전 등이 오르며, 각종 떡류나 한과, 생과일, 음청류 등을 곁들인다. 술손님인

경우에는 주안상을 먼저 낸 후에 면상을 낸다. 장국상(면상)차림은 국수를 주식으로 하여 차리는 상으로 혼례, 회갑례 같은 잔치일 때 손님 접대용이나 평소의 점심용 상차림이다.

① 온면상 : 국수, 정과, 찜, 떡, 전, 잡누르미, 약식, 편육, 약과, 강정, 잡채, 화채, 김치, 녹말편 등
① 냉면상 : 국수, 김치, 소고기전골, 떡수단, 전, 화채, 장과 등

⑷ 주안상차림

주안상은 술을 대접하기 위한 상차림으로 청주, 소주, 탁주 등 술의 종류와 손님의 기호를 고려해서 안주를 준비한다. 보통 육포, 어포, 건어, 어란 등의 마른안주와 전, 편육, 찜 등이 신선로나 전골 등과 같이 더운 국물이 있는 음식과, 고추장찌개와 매운탕과 같은 얼큰한 음식 한두 가지, 그리고 생채류와 김치 및 과일 등이 오르며 떡과 한과류가 오르기도 한다. 술자리가 거의 끝나면 식사를 하기 위한 면상을 내거나 후식으로 다과상을 내기도 한다.

주안상차림은 술을 대접할 때 차리는 상차림으로 술, 육포, 어포, 건어, 어란 등의 마른안주와 전이나 편육, 회, 생채류, 나박김치, 초간장, 간장, 겨자즙, 과일, 떡, 한과류, 생란, 조란, 생실과 등이 오른다.

⑸ 교자상차림

교자상은 명절이나 잔치 때에 많은 사람이 함께 모여 식사를 하기 위한 상차림이다. 국수, 떡국, 만두 등을 주식으로 하고, 찬품은 제철에 맞는 여러 재료를 이용하여 다양하게 조리하여 만든다. 조선시대의 교자상차림은 마른찬을 위주로 내는 건교자상차림과, 식사를 위주로 한 식교자상차림, 건교자와 식교자가 어우러진 얼교자상차림 등으로 나뉘는데, 얼교자상은 간단한 술안주 음식을 낸 후에 다시 밥과 반찬이 되는 찬품과 탕을 내는 상차림이다.

교자상에 오르는 음식으로는 주로 면(온면·냉면), 탕, 찜, 전유어, 편육, 적, 회, 겨자채, 신선로, 마른찬, 수란, 김치, 장류, 각색편, 약식, 약과, 다식, 강정, 정과, 숙실과, 생실과, 수정과, 식혜, 화채 등이 오른다.

교자상차림은 명절이나 잔치 또는 회식 때 많은 사람이 함께 모여 식사할 때의 상차림으로 건교자차림, 식교자차림, 얼교자차림으로, 주식은 냉면, 온면, 떡국, 만두 중에서 계절에 맞는 것으로, 탕, 찜, 전유어, 편육, 전, 회, 채(겨자채, 잡채, 구절판), 신선로, 배추김치, 오이소박이, 나박김치, 장김치, 각색편, 숙실과, 생과일, 화채, 차 등이 오른다.

(6) 다과상(茶果床)차림

다과상은 주로 손님에게 다과만을 대접하는 상차림과, 주안상이나 교자상의 후식으로 내는 경우가 있다. 계절에 맞는 각종 떡류와 유밀과, 유과, 다식, 숙실과, 생실과, 화채, 차 등을 곁들여 낸다. 다과상차림에는 각색편, 유과, 다식, 숙실과, 생실과, 화채, 차 등이 오른다.

〈상차림 구성〉

구분	기본 음식							첩수에 들어가는 음식									
	밥	국	김치	장류	찌개	전골	찜	나물		구이	조림	전	장과	마른찬	젓갈	회	편육
								생채	숙채								
3첩	1	1	1	1	×	×	×	1	1	택1		×	×			×	×
5첩	1	1	2	2	1	×	×	1	1	택1		1	택1			×	×
7첩	1	1	2	3	택1		1	1	1	1	1	1	택1			1	×
9첩	1	1	2	4	1	1	1	2	1	1	1	1	택1			1	1
12첩	2	2	2	4	1	1	1	2	2	2	1	1	택1			2	1

*첩 : 밥, 국, 김치, 조치, 종지(간장·고추장·초고추장)를 제외한 쟁첩에 담는 반찬의 수
*결상 : 7첩 반상부터 나감

2) 의례식

(1) 백일상차림

백설기와 음식을 차려 친척과 이웃에게 대접하고 축하를 받는데, 백일떡을 100사람에게 나누어서 먹이면 백수를 한다하여, 이웃과 친척에게 나누어 돌리는 풍습이다.

① 백설기 : 백설같이 순수한 순결의 의미
② 수수팥떡 : 잡귀를 막아 부정한 것을 예방
③ 흰밥, 미역국, 오색송편, 인절미 등

(2) 돌상차림

아기의 만 1년이 되는 첫 생일을 축하하는 상차림이다.

① 흰밥, 미역국, 백설기, 송편, 푸른나물(자르지 않고), 차수수경단, 인절미, 국수 등
② 대추 : 자손이 번성하라는 축복의 의미
③ 쌀 : 식복이 많으라는 뜻

④ 면타래실 : 수명이 장수를 비는 뜻

⑤ 붓, 벼루, 먹, 책 : 재주가 많으라는 뜻

⑥ 활 : 무운과 용맹의 상징

⑦ 돈 : 부귀와 영화를 기원

⑶ 혼례상(교배상)

혼례 절차 중 교근예식 때 차리는 상차림으로, 대청이나 뜰에 병풍을 남북으로 친 다음 동서로 놓는 것이 예법이다.

① 송죽 : 굳은 절개의 의미

② 대추, 은행, 밤 : 번성한 자손을 의미(신랑 주머니에 가득 넣어줌)

③ 닭 한 쌍 : 암탉이 곧바로 알을 낳으면 길조

⑷ 폐백상차림

혼례를 치른 후 신부가 시부모님과 시댁 어른께 첫 인사를 드리는 예의이다.

① 육포, 육회

② 닭폐백, 폐백대추

③ 청·홍 보자기, 근봉띠

⑸ 육순·회갑·진갑상차림

부모가 만 59세가 되면 '육순'이라 하여 예를 차리고, 만 60세가 되면 '회갑'이라 하여 성대한 연회를 차린다.

① 부모가 다 같이 임매상을 따로 받고, 고배상(고임상·망상) 앞에서 절을 받음

② 유밀과, 강정, 다식, 생실과, 건과, 정과, 편, 어물, 편육, 포, 적 등

⑹ 회혼례(회근례)

혼인하여 60년을 해로한 날을 말하며, 자손들이 헌주하고 잔치를 베풀어 축하한다.

(7) 제사상차림

자손들이 제사를 모실 때 차리는 상이다.

① 제사음식을 정성들여 정갈하게 장만하는 것이 우리의 풍습
② 화려한 색과 심한 냄새(비린내 등)는 금기로 여김
③ 같은 종류의 음식을 짝을 맞추지 않는다고 하여 홀수로 만듬
④ 젯메, 갱, 삼탕, 적, 간납, 포, 숙채, 침채, 편, 식혜, 강정, 다식, 전과, 약과, 밤, 대추, 곶감, 사과, 배 등(단, 복숭아는 귀신을 쫓는다 하여 제외함)

※진설법 : 홍동백서, 좌포우혜, 두동미서

2. 한국의 절식과 시식 풍습

기후와 계절에 밀접한 관계가 있는 우리나라는 예부터 세시풍습이 발달하였다. 이는 농경과 깊이 관계되었으며 종교적으로도 불교, 유교의 영향으로 조상에게 예를 올리게 되었다. 세시음식은 절식과 시식으로 나뉘는데, 절식(節食)이란 다달이 있는 명절에 먹는 음식이고, 시식(時食)은 계절에 따라 나는 식품으로 만드는 음식을 말한다.

1) 일월

(1) 설날

묵은해를 보내고 새해의 첫날을 맞아 새로운 몸가짐으로 가내 만복을 기원하며 세찬과 세주를 마련하여 조상께 차례를 올리는 날로써, 설날 음식을 대표하는 것은 흰 떡국으로 차례상에 메 대신 떡국을 올린다. 떡국은 백색의 음식으로 새해를 시작함으로써 천지만물의 부활 신생을 의미한다는 종교적 의미가 담겨있다.

① 묵은해를 보내고 새해의 첫날을 맞아 새로운 몸가짐으로 가내 만복을 기원
② 떡국, 만두, 약식, 인절미, 단자류, 주악, 편육, 빈대떡, 강정류, 식혜, 수정과, 나박김치, 장김치, 세주(사람의 혼을 깨어나게 한다는 오래 전승된 술로, 여러 약재를 넣어 만든 술로 병이 생기지 않고 장수) 등

(2) 입춘(立春) 절식(양력 2월 4일)

봄이 시작되는 좋은 명절로서 집집마다 '입춘대길(立春大吉)'이라는 글귀를 붙이는 날이다. 오신반은 재료가 극히 제한된 것이었으나 일부 상류층의 절식이었다.

① 입춘오신반(立春五辛盤) : 움파, 산갓, 당귀싹, 미나리싹, 무 등의 다섯 가지 시고 매운 생채요리를 만들어 새봄의 미각을 돋움
② 탕평채, 승검초산적, 죽순나물, 죽순찜, 달래장, 달래나물, 냉이나물, 산갓김치 등

(3) 정월대보름(음력 정월 15일) 까마귀 제삿날

신라시대부터 지켜온 명절로 재앙과 액을 막는데, 정월 14일 저녁에는 오곡밥과 9가지의 묵은나물, 나박김치를 준비하여 일찍 저녁을 먹는다. 보름날 새벽에는 부럼을 깨물어 멀리 던지면 1년 동안 부스럼이 없으며 이가 단단해지고, 아침상에는 귀밝이술을 마시면 일 년 내내 귀가 밝아지고 몸에서 잡귀를 몰아낸다고 한다. 또한 김이나 채엽에 밥을 싸서 먹는 복쌈은 풍년 들기를 기원하며 먹었고, 9가지의 묵은나물은 더위를 타지 않는다고 하여 먹었다.

① 약밥 : 까마귀에게 제를 지내고 특별히 약밥을 대접(신라 소지왕 때)
② 귀밝이술(이명주) : 새벽에 청주 한 잔씩 마시는 것으로, 귀가 밝아질 뿐만 아니라 1년 동안 좋은 소식만 듣는다 하여 부녀자들도 마심
③ 오곡밥 : 쌀, 조, 수수, 팥, 콩을 아홉 번 먹어야 좋다고 하여, 여러 집에서 오곡밥을 나누어 먹음
④ 묵은나물 : 고비, 도라지, 석이버섯, 표고버섯, 무, 숙주, 콩나물, 오가리, 시래기 등 9가지로 만들어 먹으면 더위를 타지 않는다고 함
⑤ 부럼 : 아침에 날밤, 호두, 은행, 잣 등을 깨물며 축수하면, 1년 동안 부스럼이 나지 않고 이가 단단해진다고 함
⑥ 복쌈 : 밥을 싸는 것을 복을 싸는 것으로 비유

2) 이월

중화절식(음력 2월 초하루)은 당나라의 중화절을 본떠 농사일을 시작하는 날이다.

① 노비송편 : 종들에게 나이수대로 먹여 머슴들을 위로하고 하루를 쉬게 함
② 시래기떡 : 김장철에 말렸던 시래기를 삶아서 양념하여 무쳐서 송편의 소를 넣어 쪄먹음

3) 삼월

(1) 중삼절식(3월 3일 삼짇날)

3월 3일 삼짇날이라 하는데, 강남 갔던 제비가 돌아와 봄을 알린다. 유생들은 화류를 즐겼으며 그 흔적이 경주 포석정에 남아있다. 대표적인 절식으로는 진달래화전, 오미자즙으로 만든 화면과 수면, 청면 등이 있다.

① 강남 갔던 제비가 돌아온다는 명절

② 누견화전, 화선, 수면, 신날래화선, 쑥떡, 낭평재 등

(2) 한식(寒食)

① 동지로부터 105일째 되는 날로, 성묘를 감

② 약주, 과일, 포, 식혜, 떡, 국수, 탕, 적 등

4) 사월

등석절식(4월 8일)은 4월 8일인 석가탄신일을 소밥이라 하여 느티나무열매로 만든 시루떡의 일종인 느티떡과 볶은콩, 미나리강회 등을 먹었다.

① 집집마다 연등하고 손님을 초대하여 음식을 대접

② 볶은 검정콩 : 불경을 외우면서 모아두었던 콩을 꺼내어 볶아서 먹음

③ 느티떡, 미나리강회, 콩조림, 녹두찰떡, 쑥편, 화전, 주악, 석이단자, 국수비빔, 해삼전, 양지머리편육, 신선로 등

5) 오월

단오절식(5월 5일)은 조선시대 4대 명절의 하나로써 우리말로 '수릿날'이라고도 한다. 단오의 가장 널리 알려진 절식으로는 수리취 절편이며, 수리취떡은 쌀가루에 수리취를 넣어 만든 것이다. 또 하나의 절식으로 제호탕을 들 수 있다. 오매, 백단, 사향, 초과 등을 달여 꿀을 섞은 차가운 차이다. 수리취떡, 제호탕, 도미찜, 준치국, 붕어찜 등이 있다.

6) 유월

(1) 유두절식(6월 15일)

음력 6월 15일에 동쪽으로 흐르는 물에 머리를 감고 재앙을 푼 다음, 음식을 차려놓고 물가에서 술자리를 만들어 유두연을 베풀었는데 이때 수단을 만들었다. 수단, 편수, 증편, 밀쌈 등이 대표적이다.

① 동쪽으로 흐르는 물에 머리를 감고 재앙을 푼 다음 음식을 차려놓고 물놀이를 함

② 상화병, 연병 등

(2) 삼복절식

여름철 중 가장 더운 초복, 중복, 말복을 가리켜 '삼복'이라 한다. 이때 몸을 보신하기 위한 음식을 즐겼다. 삼복절식의 대표적인 것은 개장국, 삼계탕, 팥죽 등이 있다.

① 가장 더운 절기에 몸을 보신하기 위해 음식을 즐김

② 육개장, 계삼탕, 개장국, 임자수탕, 민어국 등

③ 복죽(팥죽) : 열병예방

7) 팔월(추석절식)

음력 8월 15일은 '추석' 또는 '한가위'라 하여 햇곡식, 햇과일이 풍성하여 명절 중 가장 풍성한 마음으로 맞이하는 날이다. 추석에는 조상님께 천신하는 마음으로 차례를 모시며, 대표적인 절식에는 솔잎 향기가 나는 송편과 토란으로 끓인 토란탕이 있다.

① 햇곡식을 추수하여 떡을 빚고 밥, 대추, 감 등의 햇과일을 따서 선조께 다례를 지내고 성묘하는 날

② 햅쌀송편, 토란탕, 화양적, 지짐누름적, 닭찜, 배숙, 율란, 조란 등

8) 구월(중구절식)

음력 9월 9일 삼월 삼짇날에 왔던 제비가 강남으로 떠나는 날이다. 중구절식에는 국화전, 국화주, 국화화채를 먹었으며 농가에서는 추수가 한창이다.

① 삼월 삼짇날에 온 제비가 다시 강남으로 떠나는 날(9월 9일)

② 국화전, 국화수, 국화화채, 전골, 신선로, 메밀만두 등

9) 시월

(1) 시월상달(상달절식)

시월상달은 집안의 풍요함을 비는 뜻에서 고사를 지내는 풍습이다. 햇곡식으로 술을 빚고 시루떡을 만들어 지냈다.

① 무오일 : 1년 중 가장 좋은 달. 길일을 택하여 고사를 지냄
② 햇곡으로 술을 빚고 시루떡을 만들어 마굿간에 놓고, 말이 잘 크고 무병하기를 기원

(2) 시월절식

시월절식으로는 무시루떡, 팥시루떡, 신선로, 국화전, 연포탕 등이 있다.

10) 십일월

(1) 동지절식

동지에는 팥죽을 먹는다. 팥죽에는 찹쌀가루로 둥글게 빚은 새알심을 나이 숫자대로 넣어 주었고, 귀신을 쫓는다하여 장독대와 대문에 뿌리기도 했다.

① 팥죽 : 찹쌀가루를 동글게 빚은 새알심을 나이대로 넣어주고, 팥죽은 귀신을 쫓는다 하여 장독대와 대문에 뿌리기도 함
② 겨울철 시식 : 냉면, 비빔국수, 수정과, 동치미 등

11) 시식

우리나라는 봄, 여름, 가을, 겨울이 명확하여 예로부터 민족의 식생활에서 계절적 특성을 가지게 되었다. 그것은 모든 음식들이 제철에 나는 것으로 만들어야, 가장 맛이 좋고 영양가도 높으며 입맛을 당기게 하고 건강에도 이롭다.

(1) 봄

봄이 오면 사람들은 입맛을 당기게 하고 기력을 돋우며 산뜻한 맛과 싱그러운 향기, 아름다운 색깔을 가진 음식을 만들어 먹기 위해 쑥, 달래, 냉이같은 나물을 이용하게 되었다. 쑥은 사람들의 입

맛을 돋우기 위한 더없이 좋은 재료이다. 이외에도 달래김치, 냉이국과 봄의 상징인 진달래꽃을 가지고도 음식을 만들었다.

⑵ 여름

여름에는 사람들이 땀을 많이 흘리고 더위 때문에 입맛이 떨어질 수 있다. 따라서 시원한 음식, 기력을 돋우는 음식을 요구한다. 대표적인 음식으로는 맑은 청포묵과 노란색물을 들인 녹두묵이 좋은 음식이다. 또한 콩국과 깻국은 질 좋은 단백질과 기름을 보충하여 여름철 사람들의 원기회복에 좋고, 육개장, 개장국, 애호박으로 만든 편수 등은 영양가가 높은 음식들이다. 이와 같이 더위로 인한 영양분의 소모를 보충하기 위해 단백질과 비타민이 풍부한 음식을 먹는 풍습은 과학적이고 문화적인 우리민족의 식생활 방식임을 잘 보여준다.

⑶ 가을

한해 농사를 마무리 짓는 가을의 대표적인 시식으로는 솔잎을 이용한 송편과 토란국이 있다. 소고기나 다시마를 조금 섞어 끓인 토란국은 가을에 맛볼 수 있는 국이다.

⑷ 겨울

겨울에는 반 년 양식이라 하여 김장을 하고 시루떡을 만들어 먹었다. 겨울은 한 해가 가고 새로운 해가 또다시 오는 계절로써 음식과도 밀접한 관련이 있다. 동짓날의 팥죽, 대보름의 오곡밥과 아홉가지 묵은나물, 부럼, 설 명절의 만두와 떡국 등이 겨울철의 시식이라 할 수 있다. 또한 시원하고 단 식혜도 겨울철의 음식이다.

3. 향토음식

- 그 지방에서만 생산되는 특산재료를 사용하여 그것에 적합한 조리법에 의해 발전시킨 음식
  (예) 영광굴비
- 그 지방에서 많이 생산되거나 타 지방으로부터 많이 공급받을 수 있는 재료를 사용하여 적합한 조리법에 의해 발전시킨 음식
  (예) 춘천 막국수, 속초 오징어순대
- 각지 어디에나 있는 흔한 재료를 사용하더라도 조상들의 생활 형태, 기후, 풍토 등 지역적 특성

이 반영된 특유의 조리법이나 타 지방과 차별적으로 발전한 가공기술을 이용하여 발전시킨 음식

(예) 충무김밥(뱃길을 떠나는 사람의 도시락으로 밥이 쉬지 않게 반찬과 밥을 따로 싸는 김밥)

- 옛날부터 그 지방의 행사와 관련하여 만든 음식으로 오늘날까지 전해오는 음식

(예) 설렁탕(해마다 2월 상재일에 왕이 선농단에 나와 농사가 잘되라고 제사를 지내고, 친히 밭을 갈고 농부들과 함께 소를 잡아 큰 가마솥에 넣고 끓여 먹은 데서 유래)

1) 서울 음식

서울은 모든 귀한 식품의 재료가 집중되어 올라오는 곳이며 임금님이 계셨던 곳으로, 궁중음식과 함께 사대부가들의 음식문화가 함께 발달된 곳이기도 하다. 서울 음식은 짜지도 맵지도 않고 대체적으로 중간의 간을 지니고 있으며, 왕족과 양반계급이 많이 살던 곳이라 격식이 까다롭고 맵시도 중히 여겼고 의례적인 것도 중요시 하였다. 음식에 넣는 양념들은 곱게 다져서 쓰고, 음식의 분량은 적으나 가짓수를 많이 만든다. 중부 이북지방의 음식이 푸짐하고 소박한데 비해, 서울 음식은 모양이 예쁘고 작게 만들어 멋을 많이 낸다.

- 화려하고 다양하면서도 사치스러운 음식
- 격식이 까다롭고 복잡함
- 맵시를 중요하게 여겨 모양이 예쁘고 작으며 색이 화려함
- 양념들을 곱게 다져서 사용
- 음식의 분량은 적으나 가짓수가 많음
- 궁중음식이 양반집에 많이 전해져, 서울 음식은 궁중음식과 비슷한 것이 많음
- 고기, 생선, 채소를 다져서 섞고 갖은 양념을 하여 먹기 쉬운 상태로 만들고, 다 된 음식 위에 고명을 얹어 장식함
- 간을 맞출 때 새우젓을 사용 : 새우젓을 으뜸으로 함
- 어떤 국이나 소고기의 맑은국을 끓여서 넣음
- 소고기요리
  - 전체 부위를 섞음 : 설렁탕, 곰국, 육개장, 장국밥 등
  - 부위별 조리 : 너비아니구이, 내장 이용
- 서울김치 : 새우젓과 조기젓이 들어가는 것이 특징임(장김치 · 꿩김치 · 굴김치 · 섞박지 등)
- 장아찌 : 갑장과(오이 · 무 · 미나리)
- 초 : 홍합초, 전복초

2) 경기도 음식

경기도는 수도권과 가까운 곳으로, 바다와 근접한 지역이라 해산물이 풍부하다. 서해안은 해산물이 풍부하고, 동쪽의 산간지방은 산채가 많으며, 밭농사와 벼농사도 활발하여 여러 가지 식품이 고루 생산되는 지역이다. 음식은 소박하면서도 다양하나, 개성음식을 제외하고는 대체로 수수한 음식들이 많다. 간은 세지도 약하지도 않은 서울과 비슷한 정도이고, 양념도 많이 쓰는 편이 아니다. 또한 강원도, 충청도, 황해도 지방과 접해 있어 공통점이 많고, 같은 음식도 많이 있다.

개성은 고려시대의 수도였던 까닭에 그 당시의 음식솜씨가 남아 있어 한성, 전주와 더불어 우리나라에서 음식이 가장 호화롭고 다양한 지역이다. 개성음식의 사치스럽기는 궁중음식에 비길 만하고, 공과 정성이 많이 들며 재료도 매우 다양하게 고루 섞인다. 그 특징은 다음과 같다.

- 소박하면서도 다양함
- 개성음식은 대체적으로 호화로움
- 간은 세지도 약하지도 않은 서울과 비슷함
- 양념은 많이 쓰지 않는 편임
- 강원도, 충청도, 황해도와 접해 있어 공통점이 많음
- 범벅이나 풀떼기, 수제비 같은 음식에 호박, 강냉이, 밀가루, 팥 따위를 섞어 구수하게 만듦
- 밥(오곡밥·찰밥)
- 국수
  - 맑은 장국보다는 제물에 끓인 칼국수, 메밀 칼싹두기와 같이 국물이 걸쭉하고 구수한 음식이 많음
  - 냉콩국(충청도, 황해도)도 즐기는 음식임
- 농산물이 풍부하기 때문에 떡 종류가 많음
- 조랭이떡국, 우메기떡, 수수부꾸미, 장떡, 제물칼국수

3) 강원도 음식

강원도는 산악지대로 도토리, 상수리, 칡뿌리, 산채 등이 많다. 이러한 식품류는 옛날에는 구황식물에 속했지만, 지금은 일반식의 상용식품이나 기능성 식품 재료로 많이 쓰인다. 또한 동해에서는 명태, 오징어와 미역 등이 많이 나며 이를 가공한 황태, 건오징어, 건미역, 명란젓, 창난젓을 잘 담근다. 산악지방은 육류를 쓰지 않고 소음식(채소류로 차린 음식)이 많으나, 해안지방에서는 멸치나 조개 등을 넣어 음식의 맛을 낸다. 특히 감자, 옥수수, 메밀을 이용한 음식이 다른 지방보다 많다.

- 영서지방인 산악이나 고원지대 : 옥수수, 메밀, 감자, 도토리, 상수리, 칡뿌리, 산채 등
- 영동(해안)지방 : 생태, 오징어, 미역, 청어, 고등어, 꽁치, 멸치, 이면수, 가자미 등 해산물이 풍부
- 사치스럽지 않고 극히 소박하고 먹음직스러움
- 감자송편, 감자부치미, 오징어순대, 총떡, 도토리떡, 오징어불고기

4) 충청도 음식

충청도는 농업이 발달하였으나 남도와 북도의 음식문화가 많이 달랐다. 충남지방은 바닷가 근처로 해산물이 풍부하여 다양한 음식문화가 발달한 반면, 충북지방은 해안이 없는 지역으로 해산물 음식은 발달되지 못하였다.

충북 내륙의 산간지방에서는 산채와 버섯들이 많이 있어 이를 이용한 음식이 많다. 농경이 발달한 곳이라 죽, 국수, 수제비, 범벅 등도 많이 만들고 호박떡도 만든다. 서해안에 가까운 지역은 굴이나 조갯살 등으로 국물을 내어 날떡국이나 칼국수를 끓이기도 한다. 조미료 중 된장을 즐겨 사용하며, 겨울에는 청국장을 만들어 구수한 찌개를 끓인다.

- 북도(농업 위주) : 쌀, 보리, 고구마, 무, 배추 등을 생산함
- 내륙 : 산버섯, 산채 등
- 남도 : 해산물이 풍부함
- 흰밥을 으뜸으로 숭상함
- 서해안에서는 굴이나 조갯살 등으로 국물을 내어 날떡국이나 칼국수를 만듦
- 콩나물밥, 보리밥, 찰밥, 칼국수, 호박범벅, 굴냉국, 청국장찌개, 말린묵볶음, 호박고지떡, 호박꿀단지, 홍어어시욱 등

5) 전라도 음식

전라도는 풍부한 곡식과 해산물, 산채 등 재료가 다른 지방에 비해 많고 음식에 대한 정성이 유별나며 호화로운 편이다. 또한 평야와 바다가 지리적으로 적절하게 위치하여 다양한 식품의 재료가 많이 생산되며 음식문화도 화려하다. 그러나 기후가 더운 지역으로 간이 조금 짠 듯한 맛을 즐긴다. 전라도는 조선의 양반층을 이어받아 고유한 음식법을 잘 지니고 있으며, 산물들을 잘 써서 다양한 음식을 만들어 내고 있다. 특히 전주의 콩나물은 맛있기로 유명하다.

- 풍부한 곡식, 해산물, 산채 등으로 다른 지방보다 재료가 풍부함

- 전주이씨의 본관이 있어 좋은 음식을 전수함
- 상차림은 음식의 가짓수를 많이 하는 풍습임
- 해안지방 : 특이한 젓갈이 많음
- 기후 따듯함 : 음식이 센 편이고, 고춧가루를 많이 사용하여 매운 것이 특징임
- 각색 죽들이 보양식으로 매우 중요한 음식문화를 형성함
- 음식솜씨를 다투어 혼인의 이바지음식이 화려하게 발달함
- 전주비빔밥, 콩나물국밥, 깨죽, 오누이죽, 대합죽, 합자죽, 낙지호롱, 꼬막회, 홍어회, 죽순채, 장어구이, 꼬치떡, 수리취떡, 감인절미, 감단자, 동아정과, 연근정과, 고구마엿 등

6) 경상도 음식

경상도는 남해와 동해에 좋은 어장이 있어 해산물이 풍부하며, 경상남·북도를 크게 굽어 흐르는 낙동강은 풍부한 물로 주위에 기름진 농토를 만들어 농산물도 넉넉하다. 또한 동해를 끼고 평야와 바다가 있어 다양한 식품의 재료가 발달되었다. 음식의 맛은 대체로 얼얼하도록 맵고 간이 센 편이고, 멋을 내거나 사치스럽지 않고 음식을 소담하게 만든다. 신선한 바닷고기에 소금간을 한 후 말려서 굽는 것을 즐기며 바닷고기로 국을 끓이기도 한다. 곡물 음식 중에는 국수를 즐기나, 밀가루에 날콩가루를 섞어 반죽하여 홍두깨나 밀대로 얇게 밀어 칼로 썰어 만드는 칼국수를 제일로 친다. 장국의 국물은 멸치나 조개를 많이 쓴다.

대표적인 경상도 음식으로는 무밥, 갱식, 애호박죽, 건진국수, 조개국수, 닭칼국수 등과 재첩국, 추어탕, 대구탕, 깨집국, 미역홍합국, 아귀찜, 미더덕찜, 동태구이, 파전, 해파리회, 해물잡채, 장어조림, 미나리찜, 상어구이, 조개찜, 콩잎장아찌, 우렁찜, 대합구이, 고추부각, 골곰짠지, 모시잎송편, 만경떡, 쑥굴레, 칡떡, 잡과편 등이 있고, 조과는 유과, 대추징조, 다시마정과, 우엉정과, 안동식혜, 수정과 유자화채, 유자차, 잡곡미숫가루 등이 있다.

- 음식의 맛 : 맵고 간은 세지만 맛을 내거나 사치스럽지 않음
- 싱싱한 바닷고기에 소금간을 해서 말려 굽는 것을 즐김
- 국수를 가장 즐기며, 특히 날콩가루를 섞어 손으로 얇게 밀어 칼로 써는 부드러운 국수가 제일임
- 장국의 국물은 멸치나 조개류를 많이 사용함
- 진주비빔밥, 무밥, 갱식, 애호박죽, 닭칼국수, 재첩국, 대구탕, 미더덕찜, 아구찜, 동태구이, 파전, 콩잎장아찌, 겨자냉채, 모시잎송편, 잡과편, 잣구리, 칡떡, 안동식혜, 수정과, 유자화채, 잡곡미숫가루, 단술감주 등

7) 제주도 음식

제주도는 섬이라서 개방된 듯하지만, 고려시대 유행했던 '상외(상화)'떡이 아직도 전해져 내려오는 것을 볼 때 전통을 중요하게 여기는 제주도의 지역성을 알 수가 있다. 제주도는 양촌, 해촌, 산촌으로 구분되며 그 생활 태도에 따라 차이가 있다. 양촌은 평야지대로 농업을 중심으로 생활하였고, 해촌은 해안에서 고기를 잡거나 해녀로써 잠수어업을 하고, 산촌은 산을 개간하여 농사를 짓거나 한라산에서 버섯, 산나물, 고사리 등을 채취하여 생활하였다.

농산물은 쌀이 거의 생산되지 않고 콩, 보리, 조, 메밀, 고구마 등을 많이 생산하고, 특산물로는 감귤과 전복이 있으며 예전에 이는 진상품이었다. 제주도 음식의 주된 재료는 어류와 해초이며 된장으로 맛을 내는 경우가 많고, 바닷고기로 국을 많이 끓이고 죽을 잘 쑨다.

자리돔과 옥돔은 제주도에서만 잡히며, 전복과 꿩이 많고, 한라산에서는 표고버섯과 산채가 많이 난다. 겨울의 기후가 따듯하여 김장이 별로 필요치 않아 짧은 기간 동안 먹을 것만을 조금씩 담는다.

대표적인 음식으로는 전복죽, 조기죽, 옥돔죽, 닭죽, 매역새죽, 깅이죽, 생선국수, 메밀저배기, 곤떡국과 고사리국, 톨냉국, 돼지고기육개장, 상어지짐, 옥도미구이, 자리회, 양애무침, 동지김치, 꿩적, 초기적, 상어산적, 두루치기, 물망회, 전복소라회, 톳나물, 오메기떡, 빙떡, 차좁쌀떡, 상외떡과 닭엿, 보리엿, 꿩엿 등의 엿 종류가 많다.

- 해초와 된장으로 맛을 냄
- 돼지고기, 닭을 많이 사용함
- 겨울 기후가 따듯하여 김장을 담아도 종류가 적고, 적은 양을 담음
- 음식을 많이 차리거나 양념을 많이 넣고 여러 가지 재료를 섞어서 만드는 것이 별로 없음
- 간은 대체로 짠 편이며, 회를 많이 먹고 재료가 가지고 있는 자연의 맛을 그대로 살리는 것이 특징임
- 전복죽, 초기죽, 옥돔죽, 닭죽, 옥돔구이, 자리구이, 오분자기찜, 오메기떡, 빙떡 등

8) 황해도 음식

황해도 해안지방은 조석간만의 차가 크고 수심이 낮으며 간석지가 발달하여 소금의 생산량이 많다. 또한 황해도는 인심이 좋고 생활이 윤택하며, 음식은 양이 풍부하고 기교를 부리지 않고 구수하면서도 소박하다. 그리고 황해도 북쪽 지방은 곡창지대로 쌀 생산이 많으며 잡곡의 질도 좋고 생산량도 많다. 특히 남쪽 사람들이 보리밥을 즐기듯이, 황해도에서는 조로 잡곡밥을 많이 해 먹는다.

곡식이 많고 품질이 좋아 이를 사료로 활용하여 기르는 가축 고기의 맛도 유별하며, 밀국수나 만두에는 닭고기를 많이 사용한다. 송편이나 만두도 큼직하게 빚고 밀국수도 즐겨 먹는다.

간은 별로 짜지도 싱겁지도 않으며 충청도 음식과 비슷하다. 김치에는 독특한 맛을 내는 고수와 분디라는 향신료를 반드시 사용한다. 김치는 맵지 않고 시원하게 담고, 동치미국물을 넉넉히 하여 겨울에는 냉면국수나 찬밥을 말아서 밤참을 즐기기도 한다.

- 보리쌀, 차조 생산 : 잡곡밥을 즐겨 먹음
- 집집마다 기르는 토종닭 : 어느 음식이나 닭고기를 많이 사용함
- 인심이 좋고 음식의 양은 풍부하며 음식에 기교를 부리지 않음
- 구수하고 소박함
- 간은 별로 짜지도 싱겁지도 않음 : 충청도 음식과 비슷함
- 음식이 큼직함
- 김치밥, 잡곡밥, 비지밥, 수수죽, 호박만두, 큰송편 등

9) 평안도 음식

평안도는 예부터 중국과의 교류가 많은 지역으로, 평안도 사람의 성품은 진취적이고 대륙적이다. 평안도 동쪽은 산이 높아 험하나, 서쪽은 서해안에 면하여 해산물도 풍부하고, 넓은 평야로 곡식도 풍부하다. 따라서 음식도 먹음직스럽고 크게 하며 푸짐하게 많이 만든다. 서울 음식은 크기를 작게 하고 기교를 많이 부리는데 비해, 평안도 음식은 매우 대조적이다.

곡물 음식 중에는 메밀로 만든 냉면과 만두 등 가루로 만든 음식이 많다. 추운 지방이라서 겨울에는 기름진 육류 음식도 즐겨 하고, 밭에서 많이 나는 콩과 녹두로 만드는 음식도 많다. 음식의 간은 대체로 심심하여 맵지도, 짜지도 않다. 모양을 예쁘게 하기보다는 먹음직스럽고 크게 많이 만들어 먹는 것을 즐긴다. 이 지방에서는 평양의 음식이 가장 잘 알려져 있고, 그 중 평양냉면, 어복쟁반, 순대온반, 닭죽 등이 유명하다.

- 먹음직스럽게 크고 푸짐함
- 음식의 간은 대체로 심심함
- 메밀로 만든 냉면, 만둣국 등 가루로 만든 음식이 많음
- 평양음식이 가장 잘 알려져 있음
- 평양냉면, 어복쟁반, 순대 등

10) 함경도 음식

함경도에는 우리나라 최고봉인 백두산이 있고, 대부분의 지대가 개마고원이 있는 험악한 산간지대이다. 동쪽은 해안선이 길고 영흥만 부근에 평야가 조금 있어 논농사는 적고 밭농사를 많이 한다. 특히 함경도는 밭곡식 중에서도 콩의 품질이 뛰어나고 잡곡의 생산량이 많다. 동해안은 리만 한류와 동해 난류가 만나는 주요 어장으로 명태, 청어, 대구, 연어, 정어리, 넙치 등 어종이 다양하다. 감자와 고구마도 질이 우수하여 녹말을 만들고 반죽하여 국수틀에 넣어 눌러서 쓰는데, 특히 냉면과 비빔국수를 잘 만든다. 음식의 모양은 큼직하여 대륙적이고 대담하며 장식이나 기교도 부리지 않고 사치스럽지가 않다.

북쪽으로 올라갈수록 날씨가 추우므로 음식의 간은 싱겁고 담백하다. 그러나 고추와 마늘 등 양념을 강하게 써서 야성적인 맛을 즐기기도 한다. 근래에 아주 유명해진 회냉면은 홍어, 가자미 등으로 맵게 무친 생선회를 냉면국수에 얹어서 비벼 먹는 함흥식 비빔국수이다.

- 콩의 품질이 뛰어나고 감자, 고구마 질이 우수함
- 음식의 모양이 큼직하고 사치스럽지 않음
- 김장 : 동태, 가자미, 대구를 썰어 깍두기나 배추김치 포기 사이에 넣음
- 회냉면(홍어·가자미 무침), 다대기를 사용함
- 감자막가리만두, 가자미식해, 북어전, 아바이순대 등

한국음식의 종류

1. 주식류

1) 밥

쌀의 종류, 분량, 건조도, 솥의 종류, 열원의 종류에 따라 밥을 짓는 시간과 물의 분량이 달라진다. 밥은 우리나라 식생활에서 농경사회가 시작된 시기부터 오늘날까지 주식의 위치를 차지는 중요한 음식인데, 식사 전체를 지칭하기도 하며 통과의례에서도 중요할 때마다 밥을 지었다. 또한 산모가 출산할 경우 쌀, 미역, 정화수를 준비하여 산신상(産神床)을 차린 후 순산 후에 그 쌀로 밥을 짓고 미역국을 끓여 산모에게 먹이는 풍속이 있었다. 흰쌀과 흰떡은 돌상차림에서 필수음식이며 환갑잔치, 혼인잔치에도 쌀 음식이 필수적으로 있어야 했고, 제사상에 젯메도 흰쌀로 조리하여 먹었다.

그리고 우리나라는 예로부터 쌀을 중심으로 밥을 짓거나 잡곡류, 두류, 견과류, 채소류, 어패류, 수조육류 등을 이용한 다양한 밥을 짓기도 했다. 밥을 조리할 때에는 쌀의 종류, 건조도, 쌀과 물의 분량, 밥솥, 열원에 따라 밥을 짓는 시간과 물의 양을 다르게 했다. 밥을 지을 때는 쌀을 씻어 30분 정도 물에 불리는 것이 좋으며, 밥물은 쌀 무게의 1.2~1.4배, 부피로는 1.0~1.2배가 적당하다. 불의 세기는 처음에는 센불에서 끓이다가 중불과 약불로 조절한다.

2) 죽

죽은 곡물로 만든 음식 가운데 가장 원초적이며 오래된 음식이다. 죽의 재료는 다양하여 곡물만을 이용한 것 외에 수조어육류, 채소류, 한약재를 넣어 만든 죽도 있다. 또한 죽을 주식으로써 뿐만 아니라 보양식, 환자식, 구황식, 별미음식 등으로 다양하게 이용하여 왔으며, 한국 문헌에 수록되어 있는 죽의 종류는 흰죽, 콩죽, 녹두죽, 팥죽, 잣죽, 타락죽, 대추죽, 전복죽, 닭죽 등 40여 종이다.

죽은 노인이나 어린이의 보양을 위하거나 회복기 환자의 병인식(病人食) 또는 회복식으로 좋으며 입맛이 없을 경우 식욕증진식으로 이용한다. 죽에는 쌀을 갈지 않고 그대로 끓이는 옹근죽과, 쌀알을 반 정도 갈아서 쑤는 원미죽, 곱게 갈아서 매끄럽게 쑤는 무리죽이 있다.

죽은 곡물을 충분히 물에 불린 다음 사용하며, 죽에 넣을 물의 양은 곡물의 약 6배 정도로 하여 처음부터 정량을 넣어 끓여야 부드럽고 맛있는 죽이 된다. 죽은 장시간 끓이는 것이 중요하므로 약한 불에 충분한 시간을 두고 서서히 끓이고 나무주걱으로 저어주되, 죽이 끓기 시작하면 자주 젓지 않아야 하며 두꺼운 냄비나 솥을 사용한다. 간은 죽이 완전히 퍼진 다음에 하고, 죽을 낼 때에는 간을 맞출 간장, 소금, 꿀 등을 종지에 담고 나박김치나 동치미를 함께 곁들인다.

미음은 건더기가 없는 죽이며, 죽을 끓이는 동안 국물이 걸쭉해지면 체로 밭친 다음 으깨지 말고 떨어지는 것만 맑게 사용한다.

응이는 '응의' 또는 '의의'라고 하며 율무를 의미하는 '의이'가 변한 말이라 할 수 있다. 녹두, 갈근, 근 등의 전분을 말렸다가 물에 풀어 멍울이 지지 않게 잘 저어 투명하게 끓인 것이며, 죽이나 미음보다는 묽어서 마실 수 있는 정도이다. 율무응이, 수수응이, 연근응이 등이 있다.

- 죽 : 주재료 곡물에 야채 또는 어·육류를 넣어 만드는 유동식 음식물임
- 미음 : 푹 고아서 체에 거른 것
- 응이 : 곡물을 가루로 만들어 물에 풀어 끓인 것

3) 국수

국수는 한나라 때 중국으로부터 밀이 들어오면서 그 기원이 시작되었고, 이 때 밀가루로 만든 음식을 '병'이라 불렀다. 국수는 메밀가루나 밀가루 등을 넣어서 물과 반죽하여 국수 반죽을 얇게 밀어 가늘게 썰거나 국수틀에서 뽑아낸다. 우리나라의 국수는 주식용이 아니고 혼례, 생일, 손님접대용 별미 주식이었다. 국수의 조리법은 삶아서 건진 다음 면이 불지 않도록 하여, 차가운 또는 뜨거운 장국에 말아서 먹거나 여러 가지 양념을 이용해서 비비는 비빔국수를 만들어 먹었다. 식품가공 산업의 눈부신 발달로 라면과 같은 다양한 종류의 면이 개발되었는데, 근대 우리 식생활에서 라면의 비중은 매우 높아지고 있다.

- 손님접대용, 점심상에 많이 먹음
- 밀국수, 메밀국수, 녹말국수 온면, 냉면 등

4) 만두

만두는 국수, 떡국과 마찬가지로 특별음식 중 하나이다. 밀가루반죽을 얇게 밀어 소를 넣고 빚어 쪄내거나 맑은장국에 삶은 음식이다. 〈음식디미방〉에서는 메밀가루로 만든 피를 '만두'라 했으며,

밀가루로 만든 피를 '수교'라 하였다. 만두에 넣는 속은 대체로 무를 삶아 으깨거나 소고기나 생치, 실백, 후추, 산초 등으로 조미하여 만든다. 사찰에서는 고기 없이 표고버섯, 오이, 채소만 이용하여 만두소를 만들었으며, 만두속에 실백을 넉넉하게 넣은 다음 만두를 국물에 삶아 건져서 기름이나 장을 발라 대접하였다.

만두는 만두피의 반죽재료와 소의 재료, 모양, 만두를 삶는 장국 등의 종류에 따라서 분류되고, 조리방법에 따라 찐만두, 지진만두, 탕교자 등으로 나누어진다. 만두를 삶을 때 주의해야 할 점은 만두를 맑은장국에 끓일 때 서로 붙지 않도록 삶아야 하며, 만두가 뜨면 대체로 익은 것이므로 오래 끓이지 않도록 해야 한다.

- 껍질재료와 소에 따라 종류가 다양함
- 병시, 규아상, 편수 등

5) 수제비

수제비는 밀가루를 부드럽게 반죽하여 손으로 엷게 떼어 넣어서 구수하게 끓이는 음식이다. 밀가루 이외의 다른 재료로는 메밀가루, 도토리가루, 보릿가루, 보리속겨 등을 이용하기도 했다. 고기맑은장국, 멸치장국, 닭을 고아서 미역을 넣어 끓인 별미인 수제비도 있다.

6) 떡

떡국은 예로부터 우리나라에서 정월초하루 설날의 세시음식으로, 떡국으로 차례를 지냈고 새해 아침 첫 식사를 떡국으로 시작했다. 중국에서는 국물이 있는 밀가루음식을 '탕병'이라고 일컬었고, 우리나라의 〈제민요술〉에도 탕병에 수인(국수), 울탁(수제비), 전탁(만두국), 기자면(밀가루 가래떡국) 등이 기록되어 있다. 향토음식으로 유명한 충청도 지방의 생떡국, 개성 지방의 조랭이떡국 등이 있다. 생떡국은 멥쌀가루로 익반죽하여 썰어서 장국에 끓인 것이며, 조랭이떡국은 떡을 누에고치 모양으로 만들어 떡국에 얹는 고기를 가늘게 찢어 양념하거나 떡국과 같이 산적을 작게 만든다.

2. 부식류

1) 국·탕(湯)

우리나라의 국은 크게 수조육류, 어패류, 채소류 등의 재료로 끓인 국으로 분류하며, 반상차림에서 필수적인 상용음식이다. 국은 고려시대에 와서 크게 발달하여 기본적인 상차림의 구조가 밥과 국으로 정립되었다. 고려시대의 국은 소금이 기초 조미료로 사용되었으며, 다시마국물과 된장을 넣어 조리하였다. 국은 찌개보다 국물이 많고, 간은 찌개보다 싱거운 것이 특징이다.

맑은장국은 물이나 양지머리 국물에 국간장으로 간을 하여 건더기를 넣어 끓인 국이다. 여기에는 무국, 대합국, 콩나물국, 조깃국, 준치국, 미역국 등이 있다. 토장국은 쌀뜨물에 된장을 풀어 간을 하고 고추장이나 고춧가루를 약간 넣어서 매운맛을 내기도 한다. 냉잇국, 아욱국, 배추속대국, 시금칫국, 녹음배춧국 등이 있다. 곰국은 소고기 살코기와 뼈나 내장 등을 오래도록 푹 고아서 우린 국이다. 설렁탕, 갈비탕, 꼬리곰탕, 도가니탕 등이 있고, 닭을 고아서 끓인 닭곰탕, 삼계탕, 영계백숙 등이 있다. 냉국은 끓여서 차게 식힌 국물에 미역이나 오이 등 날로 먹을 수 있는 재료를 넣고 식초를 넣어 여름철에 차게 먹는 국으로 오이냉국, 미역냉국, 깻국탕, 임자수탕 등이 있다.

- 맑은장국 : 소금이나 간장으로 간을 맞춤
- 토장국 : 된장이나 고추장으로 간을 맞춤
- 곰탕, 설렁탕 : 오래 끓이는 국, 소금이나 간장으로 간을 맞춤

2) 찌개 · 지지미 · 감정

찌개는 국에 비해 건더기가 많고 간이 세다. 궁중에서는 '조치'라 하였다. 간을 맞추는 재료에 따라 고추장찌개, 된장찌개, 젓국찌개로 나눌 수 있고, 찌개보다 국물이 많은 요리를 지지미, 국물을 적게 한 것을 감정이라 한다. 감정은 고추장으로 간을 한 찌개를 말하며 호박감정, 게감정, 오이감정, 조기감정 등이 있다.

3) 전골

전골은 다양한 재료를 전골냄비에 준비하여 즉석에서 조리하여 먹는 요리로써 여러 가지 재료의 조화된 맛을 즐길 수 있는 음식이다. 전골은 안심, 곱창, 대합, 낙지 등을 가늘게 썰어 양념을 하거나 전유어로 하고, 표고버섯, 당근, 미나리 등 채소의 색을 맞추어 골고루 담아 낸 다음 간을 한 맑은 육수로 국물을 부어 끓인다. 고기전골, 해물전골, 곱창전골, 버섯전골, 두부전골, 신선로, 도미면 등이 있다.

4) 찜 · 선(膳)

찜은 반상, 교자상, 주안상에 내는 음식으로 생선, 고기, 채소 등에 갖은 양념을 하여 국물을 부

어 거의 졸아들도록 뭉근한 불에 푹 끓여서 재료를 연하게 하는 끓이는 찜에는 가리찜, 소꼬리찜, 우설찜, 사태찜 등이 있고, 찜통이나 시루를 이용하여 증기로 찌는 찜에는 대하찜, 대합찜, 도미찜, 조기찜 등이 있다.

- 육류, 어패류, 야채류를 국물과 함께 끓여서 익히는 것과, 증기로 쪄서 익히는 방법
- 고유의 형태를 유지시키며 재료의 맛과 영양을 최대한 살릴 수 있는 조리법
- 물이 끓어오른 후 재료를 넣어야 맛과 질감이 우수

선(膳)은 '좋은 음식'이라는 뜻으로, 궁중에서 만들어 먹었던 특별한 조리법으로 채소를 주재료로 하여 찜을 한다. 호박, 오이, 가지, 배추, 두부 등의 재료나 흰살생선에 소를 넣고 장국을 부은 다음 끓이거나 찜통에 찌며, 겨자즙이나 초간장을 곁들인다. 호박선, 오이선, 가지선, 두부선, 어선 등이 있다.

- 끓이는 방법과 찌는 방법이 있음
- 맛이 산뜻하여 전채요리로 많이 이용

5) 생채(生菜)·숙채(熟菜)

생채는 우리나라 부식 가운데 가장 기본적이고 일반적인 음식으로, 채소를 익히지 않고 날것으로 초고추장, 초장, 겨자장을 넣어 새콤하고 산뜻한 맛으로 무친다. 도라지생채, 오이생채, 무생채, 더덕생채, 겨자채 등이 있다.

숙채는 채소를 데치거나 삶아서 양념을 하여 볶거나, 무치는 방법으로 콩나물, 도라지나물, 애호박나물, 시금치나물, 월과채, 숙주나물, 표고버섯나물, 취나물, 구절판, 밀쌈 등이 있다.

6) 조림·초(炒)

조림은 고기, 생선, 감자, 두부 등을 간장으로 조린 식품이며 밥상에 오르는 일상의 찬으로, 궁중에서는 조림을 '조리개'라고 하였다. 조림의 조리 방법은 재료를 큼직하게 썬 다음 간을 하고 약불에서 오래도록 익히는 것이다. 생선조림을 할 때에는 흰살생선은 간장을 주로 사용하고, 붉은살생선이나 비린내가 나는 생선은 고춧가루나 고추장을 넣어 조린다. 소고기장조림, 갈치조림, 두부조림, 감자조림, 풋고추조림, 조기조림 등이 있다.

① 주로 반상에 오르는 밥반찬

② 육류, 어패류, 야채류 등의 재료에 간장, 설탕 등의 양념을 넣고 국물이 거의 없도록 조린 것

초(炒)는 '볶는다'는 뜻이나, 조림처럼 조리다가 녹말물을 넣어 국물 없이 달게 조리는 것으로 소라초, 홍합초, 전복초, 삼합초, 해삼초 등이 있다.

- 조림처럼 졸이다가 녹말을 풀어 넣어 국물이 엉기게 하는 방법
- 음식 전체에 윤기가 나게 하여 볼륨을 증가시킴

7) 볶음

볶음은 국물이 거의 없이 조리하는 음식으로, 주방에서 간을 미리 맞추어 볶아서 접시에 담아 상에 올리는 음식이다. 볶음의 재료는 고기, 내장, 새우, 버섯 등이 주로 사용되며, 조리법은 채소, 고기, 건이, 해조류 등을 썰어서 고온의 기름에 볶아 물기가 없고 단시간에 조리되므로 영양소의 파괴가 적다.

- 센불에서 단시간 조리하며 깨끗한 색상의 식품부터 볶아야 함
- 참기름은 마지막에 넣음

8) 전유어(煎油魚)·지짐·적(炙)

전(煎)은 반상, 면상, 교자상, 주안상에 적합한 음식이며 고기, 생선, 채소 등의 재료를 얇게 저미거나 다져서 밀가루와 달걀을 묻혀서 지지는 조리법으로, 저냐, 전, 부침개, 지짐개라고 하며, 궁중에서는 '전유화'라 하고 '전유어'·'전유아'라 읽었다. 제사상에 올리는 것은 간남(肝南)·간납·갈납이라고도 한다. 풋고추전, 연근전, 깻잎전, 양파전, 호박전, 표고전, 알쌈, 두부전, 새우전, 생선전, 굴전, 처녑전, 등골전, 육원전, 양동구리 등이 있으며 초간장을 곁들인다. 지짐은 밀가루를 풀어서 재료들을 섞어 기름에 지진 것을 말하며, 빈대떡이나 파전, 장떡 등이 있다.

- 전유어, 전유아, 저냐, 전, 전유화, 간남

적(炙)은 육류, 어류, 버섯, 채소 등을 썰어 양념하여 꼬치에 꿰어서 석쇠나 번철에 구운 음식으로, 산적은 익히지 않은 재료를 같은 길이로 썰어 꼬치에 꿰어서 굽는 것을 말하며 파산적, 떡산적

등이 있다.

누름적은 '누르미'라고도 하며 재료를 양념하여 익혀서 꼬치에 꿰거나, 재료를 꼬치에 꿰어서 밀가루와 달걀을 묻혀 지진다. 지짐누름적, 잡누름적 등이 있다.

- 산적 : 익히지 않은 재료를 꼬치에 꿰어 지지거나 구운 것
- 누름적 : 재료를 양념하여 익힌 다음 꼬치에 꿴 것과 재료를 꿰어 전을 부치듯이 옷을 입혀서 지진 것

9) 구이

구이는 조리법 중에서 가장 일찍 발달했으며 어패류나 수조육류를 이용한 음식이다. 구이의 방법은 소금이나 양념간장, 양념고추장을 발라서 굽는다. 구이를 할 때는 석쇠나 번철을 미리 달구어서 센불에서 굽는다. 너비아니, 갈비구이, 닭구이, 제육구이, 조기구이, 삼치구이, 도미구이, 병어구이, 북어구이, 더덕구이, 송이구이 등이 있다.

- 조리법 가운데 가장 영양손실이 적음
- 직접구이, 간접구이

10) 회·숙회

회는 육류, 어패류, 채소류를 썰어서 날로 먹는 생회와 살짝 데쳐서 먹는 숙회가 있으며, 초간장, 초고추장, 겨자즙에 찍어서 먹는 음식이다.

생회에는 육회와 갑회(소의 간·천엽·양), 어패류회(신선한 생선·생굴·조개) 등이 있고, 숙회에는 어채인 오징어회, 문어회, 미역초회 등 해물숙회와 미나리강회, 파강회, 두릅회, 죽순회 등 채소숙회가 있다.

11) 장아찌·마른찬·부각

장아찌는 제철의 채소를 오래도록 저장해서 두고 먹을 수 있도록 간장, 고추장, 된장, 식초에 담가놓는 것이다.

마른찬은 북어, 오징어, 멸치, 뱅어포, 김 등으로 수분이 적어서 오래 보관할 수 있고 무치거나 볶거나 조려서 만든 것으로 밑반찬이나 술안주로 이용이 되며, 종류는 포, 튀각, 부각, 자반 등이 있다.

포는 소고기의 살코기를 얇게 저며 간장양념을 하여 말린 육포와 생선을 소금으로 조미하여 말린

어포가 있고, 튀각은 다시마나 미역을 기름에 바싹 튀긴 것이고, 부각은 김, 깻잎, 가죽 등에 찹쌀풀을 발라 말려서 튀긴 것으로 제철이 아닐 때에 먹을 수 있다.

자반은 고등어나 준치 등의 생선을 소금에 절이거나, 해산물과 채소를 간장이나 찹쌀풀을 발라 말린 다음 튀겨내어 짭짤하게 조리한 밑반찬이다.

12) 편육(片肉)

편육은 고기를 덩어리째 삶아서 베보로 싸서 무거운 돌로 눌러 굳힌 다음에 얇게 썬 것으로, 소고기는 양지머리, 사태살, 소머리 등의 부위로 만들며, 돼지고기는 삼겹살, 목살, 돼지머리 등을 사용한다.

13) 족편(足片) · 묵

족편은 소머리, 소족 등을 고아서 식힌 다음 응고시켜 만든 냉채음식이다. 민가에서는 '족편'이라 하였고, 궁중에서는 '족병'이라 하여 궁중의 잔칫상에 빠지지 않는 음식이었다. 소족과 사태, 힘줄, 껍질 등에는 젤라틴 성분이 풍부하여 녹으면 죽처럼 되므로, 이것을 네모진 그릇에 부어 굳혀서 썬 것으로 양념장에 찍어먹는다.

묵은 전분을 풀로 쑤어 네모진 그릇에 부어 응고시킨 것으로 청포묵, 도토리묵, 메밀묵 등이 있으며, 채소와 청포묵을 초장으로 섞어 무친 탕평채가 있다.

14) 김치

김치는 채소류를 소금에 절여서 저장 발효시킨 우리나라의 독특한 발효음식으로, 부식 중에 가장 기본이 된다. 채소를 소금에 절여 헹구어 물기를 빼고 고춧가루, 마늘, 파, 생강, 젓갈을 넣어 양념을 만들어 버무린다. 발효하는 동안 유산균이 생성되어 독특한 맛을 내며, 채소가 부족한 겨울에 비타민과 유기산, 칼슘, 단백질을 공급해 주는 중요한 저장식품이다.

15) 젓갈 · 식해(食醢)

젓갈은 어패류를 소금에 절여 숙성시킨 것으로, 숙성에 의해 단백질이 분해되어 독특한 감칠맛을 내며 김치나 밑반찬에 이용된다. 특히 김치에는 없어서는 안될 칼슘 공급원이라 할 수 있다. 멸치젓, 명란젓, 오징어젓, 창난젓, 어리굴젓 등이 있다.

식해(食醢)는 어패류에 엿기름, 익힌 곡식, 소금, 고춧가루, 파, 마늘, 생강 등을 넣어 발효시킨 음식이다. 함경도의 가자미식해, 도루묵식해, 황해도의 연안식해, 강원도의 북어식해 등이 있다.

3. 후식류

1) 떡

떡은 의례, 제례, 절식에 있어서 필수적인 음식으로, 떡을 만드는 방법에 따라 분류하면, 시루에 찌는 떡은 증병(甑餠)이라 하며 설기떡, 잡과병, 각색편, 시루떡, 석탄병, 찰편, 상화 등이 있고, 치는 떡은 도병(搗餠)이라 하여 떡가루를 시루에 쪄서 뜨거울 때 절구나 안반에 놓고 끈기가 나게 친 떡으로 인절미, 절편, 가래떡, 단자, 개피떡 등이 있고, 지지는 떡(유전병, 油煎餠)은 찹쌀가루를 익반죽하여 모양을 빚어 식용유에 지지는 떡으로 화전, 주악, 부꾸미 등이 있다. 삶는 떡은 찹쌀가루를 익반죽하여 끓는 물에 삶아 건져서 고물을 묻힌 것으로 경단이 있다.

2) 한과(韓菓)

한과는 한국의 전통 과정류(菓釘類)로 과줄이라고도 하며, 의례와 기호식품으로 애용되었고, 세찬 및 연회상의 필수음식이다.

유밀과(油蜜菓)는 밀가루에 참기름, 꿀, 술을 넣어 반죽하여 모양을 만들어 식용유에 지진 다음, 집청을 하는 것으로 약과, 만두과, 매작과 등이 있다. 유과(油菓)는 찹쌀가루를 술과 콩물을 넣고 반죽하여 찐 다음, 꽈리가 일도록 쳐서 모양을 잡아 건조하여 식용유에 지져낸 다음 엿물이나 꿀을 입혀서 고물을 묻힌 것으로 산자, 강정, 빈사과 등이 있다. 정과(正果)는 식물의 뿌리, 줄기, 열매를 썰어서 생으로 사용하거나, 데쳐서 설탕이나 꿀, 물엿을 넣어 조린 것으로 끈적끈적하게 만드는 진정과와 설탕을 묻혀서 마르게 하는 건정과가 있다. 연근정과, 도라지정과, 당근정과, 삼정과, 무정과 등이 있다.

숙실과(熟實菓)는 과일을 익혀서 통째로 꿀에 조린 것을 초(炒)라 하고, 대추초, 밤초가 있다. 익힌 과일을 다져서 꿀로 반죽한 다음 원래의 모양으로 빚은 것을 란(卵)이라고 하며, 조란, 율란, 생란이 있다. 다식(茶食)은 곡물가루, 한약재가루, 꽃가루 등을 이용하여 꿀을 넣고 반죽하여 다식판에 박아낸 것으로 주로 차를 마실 때 곁들인다. 송화다식, 흑임자다식, 콩다식, 진말다식 등이 있다. 과편(果片)은 신맛이 나는 과일즙을 꿀이나 설탕을 넣어 조리면서 녹말물을 넣어 엉기도록 하여 굳혀서 썬 것으로 앵두편, 살구편, 오미자편, 복분자편, 오렌지편, 포도편 등이 있다. 엿강정은 엿물이나 조청, 물엿, 설탕을 끓여 만든 시럽에 콩, 깨, 견과류 등을 넣어 버무려 엉기게 한 다음 반대기를 지어 굳혀서 썬 것이다. 깨엿강정, 잣강정, 콩엿강정, 땅콩엿강정, 쌀강정 등이 있다.

3) 음청류(飮淸類)

음청류는 술 이외의 기호성 음료로써 일상식, 제례, 연회상에 올리며 종류, 형태, 조리법이 매우 다양하다. 재료는 향약재, 꽃, 열매, 잎, 곡물 등으로 대부분 쉽게 구할 수 있는 재료들이다. 향약재가 이용되는 것을 보면 우리의 식생활이 '약식동원(藥食同源)'의 실체로서 생활화되고 있음을 알 수가 있다.

- 차(茶)는 여러 가지 향약을 달여서 마시는 것으로 국화차, 구기자차, 모과차, 감잎차, 두충차, 쌍화차, 생강차, 인삼차, 유자차 등이 있다.
- 탕(湯)은 향약재를 끓여서 마시거나, 가루를 내어 오래도록 끓여 고(膏)를 만들어 타서 마시는 음료이다. 제호탕, 봉수탕, 쌍화탕 등이 있다.
- 숙수(熱水)는 향이 나는 약초를 달인 음료로 재료를 끓는 물에 넣어 우려서 마시는 것과, 한약재를 가루로 내어 꿀과 물을 넣어 끓여서 마시기도 한다. 율추숙수, 자소숙수, 정향숙수 등이 있다.
- 갈수(渴水)는 향약이나 과일을 꿀이나 설탕에 담가 우려 낸 것을 물에 타서 마시는 음료로 약리효과가 있다. 오미갈수, 임금갈수, 모과갈수 등이 있다.
- 미수(糜水)는 곡식을 쪄서 말려 가루로 내어 냉수나 꿀물에 타서 마시는 음료로써 주식 대용이나 구황식으로 이용되었다. 보리미수, 찹쌀미수 등이 있다.
- 식혜(食醯)는 쌀밥이나 찹쌀밥에 엿기름물을 넣어 당화시킨 음료이다.
- 밀수(蜜水)는 설탕이나 꿀물을 끓여서 준비한 재료를 띄운 것으로 떡수단, 배숙, 수정과, 송화밀수 등이 있다.
- 화채(花菜)는 얇게 저민 과일이나 꽃잎을 꿀이나 설탕에 재웠다가 국물을 부어 차게 만든 음료로써 국물은 과일즙이나 오미자를 우려서 사용한다.

제5장
한국전통요리

한국음식의 조리기술

1. 식품 계량

1) 계량기구

(1) 저울, 계량컵, 계량스푼, 온도계, 비중계

(2) 계량컵과 계량스푼의 이용

- 1C = 200cc = 200g = 203.6㎖ = 13Ts + 1ts
- 1Ts(Table spoon) = 3ts = 15cc = 15g
- 1ts(tea spoon) = 5cc = 5g

2) 계량방법

(1) 저울 : 바늘은 '0'에 고정, 수평으로 놓고 눈금은 정면에서 읽어야 함

(2) 계량컵, 계량스푼 : 물이나 기름이 묻지 않은 상태에서 사용함

- 밀가루, 백설탕 : 체에 친 다음 계량기의 윗면이 수평이 되도록 깎아서 잼
  - 가루는 흔들거나 꾹꾹 눌러 담지 않아야 함
- 쌀, 콩 등의 곡류 : 컵에 가득 담아 살짝 흔든 후 윗면이 수평이 되도록 깎아서 잼
- 흑설탕, 버터, 마가린, 된장, 고추장, 다진고기 등
  - 계량기구에 눌러 담아 빈 공간이 없도록 채워서 깎아 잼

(3) 계량단위

- 1근 600g : 고추, 설탕, 육류
- 375g : 야채, 밀가루, 과일

- 1Lb(파운드) : 454g = 16oz(온즈)
- 1gallon(갤론) = 4quart(쿼터) = 3.8ℓ
- 1되 = 1.8ℓ = 1.8kg
- 1관 = 3.75kg

2. 재료의 목측량 및 팽창률

(1) 재료의 분량

구 분	재 료	단 위	무 게	비 고
두류 가공품 및 난류	손두부 청포묵 계란	1모 1모 1개	200g 300g 50g	
곡류 및 가루	쌀 콩 밀가루 쌀가루	1C 1C 1C 1C	160g 180g 105g 100g	1인분의 양은 쌀 100g
어패류	오징어 전복 깐새우살 마른멸치 황태 중하(껍질)	1마리 1마리 1C 1C 1마리 1토막	250g 100g 200g 50g 150g 30g	
육류 및 가공품	쇠갈비 다진고기 닭고기	1토막 1C 1마리	80g 200g 1kg	길이 사방 4cm 크기 찜통 소고기, 돼지고기, 닭고기 삼계탕용 닭 1마리 300~500g
야채류	양상치 팽이버섯 오이 당근 고추 양파 피망 애호박 무 대파 배추	1통 1봉 1개 1개 1개 1개 1개 1개 1개 1개 1통	400g 100g 150g 100g 10g 100g 150g 200g 1kg 40g 2kg	 백다다기 1개는 100g 대 200g 천둥호박 1개는 3kg 대 100g 1잎은 50g 정도
과일류	사과 배 귤	1개 1개 1개	300g 500g 100g	

구 분	재 료	단 위	무 게	비 고
양념류 및 기타	고추장	1C	260g	1Ts = 17g
	간장	1C	230g	1Ts = 18g
	설탕	1C	150g	1Ts = 12.5g
	식초	1C	200g	1Ts = 15cc
	식용유	1C	155g	1ts = 4g
	참기름	1C	190g	1.8ℓ 1병 = 10C
	다진파	1C	120g	1Ts = 9g
	깐마늘	1C	110g	1Ts = 9g
	고춧가루	1C	80g	1Ts = 5g
	깨소금	1C	120g	1Ts = 18g
	대추	1개	2g	大 1개 5g
	마른고추	5개	10g	길이 8cm

(2) 길이를 어림잡아 썰기

① 보통 1뼘 정도 : 20cm

② 검지가 구부려지는 손가락 마디까지의 길이 : 4cm

(3) 재료의 팽창률

	말림 식품	팽창 비율
삶았을 때	당면	3배
	마른 국수	3배
	젖은 국수(칼국수)	3배
불렸을 때	미역	7~10배
	호박오가리, 무말랭이, 고사리	6배
	표고버섯	10배
	목이버섯	6배
	석이버섯	2.5배

3. 기본 썰기

① 가는 채 썰기(4~5×0.1×0.1cm)

② 굵은 채 썰기(4~5×0.3×0.3cm) : 채 썰기는 모든 재료 썰기의 기본이다. 무나 당근, 오이 등 다양한 재료를 주재료의 모양에 따라 길이나 두께를 달리하여 썰어서 사용한다. 생채, 비빔밥 재료, 지단 등 다양하다.

③ 장방형(골패) 썰기(4×1×0.2cm) : 무나 당근, 오이 등을 두께 0.3~0.6cm, 폭 1cm, 길이 4~6cm 정도로 썰어서 음식에 맞게 조리한다.

④ 나박 썰기(2.5×2.5×0.2cm) : 가로, 세로를 2cm 정도의 일정한 크기로 썰어서 물김치에 이용하는데 무재료가 적당하다. 나박김치, 소고기맑은국에 이용한다.

⑤ 돌려 깎기 : 오이나 호방 등 겉껍질을 얇게 돌려 깎은 뒤 채 썰어 볶아서 사용한다. 비빔밥이나 국수의 고명으로 사용한다.

⑥ 반달 썰기 : 애호박을 길이로 자른 후 두께 0.2cm 정도의 반달 모양으로 썰어 나물이나 찌개 등에 사용한다.

⑦ 은행잎 썰기 : 둥근 재료를 길게 열십자로 잘라서 얇게 써는 방법으로 호박, 감자, 무 등 조림, 찌개 등에 사용한다.

⑧ 원형 썰기 : 통으로 썰어서 조리에 사용되며 두께가 얇은 오이, 연근, 호박 등으로 조림, 애호박전 등에 이용한다.

⑨ 깍둑 썰기 : 가로와 세로, 높이 등을 적당한 크기의 주사위 모양으로 썰어 조리에 이용하며 주로 무재료가 적당하다. 깍두기 조리 시 적당하다.

⑩ 모서리 깎기 : 당근이나 무 등을 큰 밤톨 모양으로 모서리를 깎아 조림이나 갈비찜 등에 사용한다.

⑪ 어슷 썰기 : 파나 고추 등 고명이나 양념으로 사용할 때 통으로 비스듬하게 1cm 간격으로 썰어 사용한다. 구이나 조림, 찜에 사용한다.

⑫ 다져 썰기 : 파, 마늘, 생강 등을 깨끗하게 조리할 때 채 썰어 반대로 곱게 절단하여 다진다.

⑬ 마름모꼴 썰기 : 재료를 얇게 만든 후 마름모꼴로 썰어서 조리 시 고명으로 사용한다. 미나리초 재료나 달걀지단에 적용한다.

⑭ 막대 썰기 : 폭과 두께는 0.5~0.6cm, 길이는 5cm 정도로 썰어서 오이숙장아찌와 무숙장아찌 조리에 사용한다.

4. 모양 썰기

① 도려내어 썰기

② 벚꽃 썰기

③ 솔잎 썰기

④ 트라이앵글 썰기

⑤ 비늘 썰기

⑥ 세워서 돌려 썰기

⑦ 바람개비형 썰기

⑧ 눈꽃 썰기

⑨ 고사리 모양 썰기

⑩ 버섯모양 내기

⑪ 파 컬 만들기

⑫ 양배추 채 썰기

5. 양념

1) 양념

양념은 조미료와 향신료로 나눌 수 있다. 조미료는 짠맛, 단맛, 신맛, 매운맛, 쓴맛의 기본 맛을 내는 것들로 소금, 간장, 고추장, 된장, 식초, 설탕 등이 있으며, 향신료는 식품 자체가 지니는 좋지 않은 냄새를 없애거나 감소시키고 자체의 향기로 음식의 맛을 더욱 좋게 하는 것으로 파, 마늘, 생강, 겨자, 고추, 참기름, 깨소금, 산초 등이 있다.

(1) 소금

소금은 요리의 맛을 결정하는 가장 기본적이며 중요한 조미료로써 음식에서 염미를 발생하여 맛을 증가시킨다. 소금의 종류는 호렴에서 불순물을 제거한 재염, 꽃소금으로 불리는 재제염, 정제도가 높고 입자가 고와 식탁에서 사용하는 식탁염, 화학조미료를 약 1% 정도 첨가한 맛소금 등으로 나눌 수 있다. 또한 소금은 신맛을 중화시키거나 단맛을 강화시키기도 하며, 단백질의 응고작용, 삼투압작용 등의 중요하고 많은 역할을 담당하고 있다.

(2) 간장

간장은 간을 맞추는 기본 조미료로 콩으로 만든 우리 고유의 발효식품이다. 메주를 소금물에 담가 숙성시켜 얻은 아미노산의 감칠맛과 알코올, 에스테르 등의 방향향, 짠맛 및 단맛을 지닌 종합적인 조미료라 할 수 있다. 간장은 달근횟수, 원료 등으로 다양하게 나뉘며 그 사용법 또한 국이나 찌개에는 국간장, 조림, 구이, 찜에는 진간장 등 다양하게 이용된다.

(3) 된장

탄수화물 위주의 식생활에 단백질을 보완할 수 있는 대두 가공식품으로, 제조방법에 따라 재래된장과 개량된장으로 나뉜다. 재래된장은 오래 끓일수록 감칠맛이 우러나와 요리의 맛을 높여준다.

(4) 고추장

고추장은 곡류에 메줏가루, 고춧가루, 엿기름, 소금을 주원료로 하며 자극적이고 매운 것이 특징이다. 콩에서 얻은 단백질과 구수한 맛, 곡류에서 얻은 당질과 단맛, 고춧가루에서 얻은 붉은색, 매운맛, 소금에서 얻은 짠맛 등이 조화롭게 어우러진 영양적으로 우수한 식품이며, 쓰이는 용도도 다양하여 그 자체로 반찬이 되거나 조미료로 쓰인다.

(5) 설탕(꿀, 조청)

① 설탕 : 자당이 주성분인 천연감미료로 단맛 외에도 탈수성과 보수성이 있는데, 탈수성을 이용하여 설탕 절임이나 설탕 과자를 만들 수 있고, 보수성을 이용하여 달걀부침 같은 것에 설탕을 넣어 부드럽게 할 수 있다.

② 꿀 : 천연감미료로서는 가장 오래되고 좋은 조미료이다. 소화성이 좋은 대표적인 식품으로 노인이나 위장이 약한 사람에게 좋고 화채, 약식 등에 사용한다.

③ 조청 : 묽은 엿으로 혀에 닿는 감촉이 좋아서 과자나 조림, 장류에 많이 이용된다.

(6) 술

생선이나 육류요리에 많이 사용하며 생선은 비린내를 없애주고, 육류는 고기를 연하게 하여 육류 특유의 누린내를 제거해 줄 뿐만 아니라 풍미를 더해 준다.

(7) 식초

신맛을 내는 조미료로서 크게 양조식초, 합성식초, 혼성식초로 나뉘는데, 양조식초는 곡물이나 과실을 원료로 하여 만든 것이며, 합성식초는 물로 희석한 다음 식초산이 3~4%가 되도록 한 것이고, 혼성식초는 양조식초와 합성식초를 혼합한 것이다. 한국음식에서 식초는 대개 차가운 음식인 생채와 겨자채, 냉국 등에 넣어 신맛을 낸다.

(8) 참기름

고소한 향과 맛을 내는데 가장 널리 쓰이며, 참깨를 볶아서 짜고 거의 모든 음식에 사용한다.

(9) 들기름

들깨를 볶아서 짠 것으로, 참기름과는 다른 고소하고 독특한 냄새가 난다.

(10) 후추

매운맛을 내는 향신료로서 세계적으로 가장 널리 쓰이고, 생선이나 육류의 비린내를 제거하고 음식의 맛과 향을 좋게 하며 식욕도 증진시킨다. 검은후추는 향이 강하고 색이 검으므로 육류와 색이 진한 음식에 사용하고, 흰후추는 향은 약하나 색이 연하여 흰살생선이나 채소류 등의 음식에 주로 쓰인다. 통후추는 육류를 삶거나 육수를 만들 때, 차를 달일 때, 배숙 등의 음료에도 쓰인다.

(11) 겨자

갓의 씨를 가루로 빻은 것으로 건조할 때는 매운맛이 없으나, 따듯한 물에 개어 공기 중에 방치하면 겨자 특유의 매운맛이 난다. 매운맛이 나면 설탕, 식초, 소금 등으로 조미하여 겨자즙을 만들어 먹는데, 겨자의 독특한 매운맛은 식욕을 돋우고 적당히 위를 자극하여 소화작용을 좋게 한다.

(12) 파

파는 자극성 냄새와 독특한 맛으로 향신료 중에서 가장 많이 쓰이는 것으로 굵은파, 실파, 쪽파, 세파 등이 있으며, 출하 시기가 각각 다르다.

(13) 마늘

마늘은 독특한 자극성의 맛과 향기로 파와 더불어 많이 쓰이고, 특히 육류의 누린내를 제거하고 마늘 특유의 영양소인 생리활성 물질이 들어있기 때문에 육류요리에는 빠지지 않는다. 마늘은 육쪽인 밭마늘이 육질이 단단하며 오래 보관할 수 있어 상품으로 친다.

(14) 생강

생강은 쓴맛과 매운맛을 내며 강한 향을 가지고 있어 생선이나 육류의 비린내를 없애주고 연하게 하는 작용을 하며, 신진대사를 활발하게 하여 약재로도 많이 사용한다. 음식을 조리할 때 생강은 재료가 어느 정도 익은 후에 넣는 것이 효과적이다.

(15) 깨소금

참깨를 깨끗이 씻어 인 후 물기를 빼서 볶아 소금을 약간 넣고 함께 빻은 것이로, 실깨는 겉껍질이 없어지게 말끔히 씻어 뽀얗게 볶은 것이다. 참깨에는 피부를 윤기 있게 하고 노화를 방지해 주는 성분이 있으며, 참깨에 함유되어 있는 비타민 E는 혈관을 청소하는 역할도 한다.

(16) 계피

계수나무의 껍질을 말린 것으로 두껍고 큰 것은 '육계'라 하며, 가는 나뭇가지를 '계지'라 한다. 육계는 가루로 만들어 떡류, 한과류, 숙실과에 많이 이용하며, 계지는 물을 붓고 달여서 수정과의 국물이나 계피차로 이용한다.

2) 재료의 궁합이 맞는 양념

(1) 소고기

① 구이, 볶음 : 파, 마늘, 생강, 설탕, 참기름, 깨소금, 후춧가루, 소금(간장)

② 국 또는 찌개 : 설탕을 넣지 않음

③ 포 : 간장, 후춧가루, 설탕

(2) 육류나 생선의 비린내, 누린내 제거 : 양파, 마늘, 생강, 고춧가루, 식초, 레몬즙

(3) 생선 : 소금, 생강, 고추장, 고춧가루를 많이 사용

(4) 닭고기

① 소금, 간장, 새우젓

② 백숙 : 소금, 후춧가루

(5) 돼지고기 : 새우젓, 생강, 고추장

(6) 버섯 종류 : 향신료를 적게 사용하여 버섯의 맛과 향을 살림

(7) 야채

① 숙채 : 간장(소금), 파, 마늘, 깨소금, 참기름

② 생채 : 식초, 설탕, 겨자

3) 양념과 상호 배합비율

재 료	비 율
마늘 : 파	1 : 2
마늘 : 생강	1 : 0.3~0.5

6. 고명

고명이란, 음식의 외관을 좋게 하기 위해 음식 위에 뿌리거나 웃기로 사용하는 것을 말한다. 만든 음식의 모양과 빛깔을 아름답게 하는 것으로 '웃기'라고도 한다. 고명의 종류는 다음과 같다.

1) 달걀 고명

달걀은 황·백으로 나눈다. 흰자는 알끈을 제거하고 소금을 넣어 거품이 일지 않게 저어서 채에 받치거나 면보에 짜서 놓고, 노른자는 체에 걸러놓는다. 팬을 센불에서 달구었다가 불을 끈 후 다시 약하게 켜 기름을 약간만 두르고 약불에서 지진다.

지단의 모양은 음식에 따라 다르게 만들어야 하는데, 두께를 두껍게 한 골패형 지단(1×4cm)을 만들어 만둣국, 완자탕, 닭찜, 전 등에 사용하고, 두께를 얇게 지져 짧게 혹은 길게 채친 지단은 비빔밥이나 국수장국, 칼국수, 오이선, 호박선, 칠전판, 탕평채, 잡채에 사용한다. 황·백으로 나누어 부쳐 신선로, 찜, 전골, 국, 나물 등에 쓰인다.

달걀지단 부치는 요령

① 달걀을 황·백으로 나누어 소금을 조금 넣고 잘 저어 거품을 제거한다.
② 뜨거운 팬에 기름을 조금 두르고 냅킨으로 닦는다.
③ 약한 불에서 황란부터 얇게 고루 퍼지도록 팬을 이리저리 기울여 가며 고루 익힌 다음, 지단이 거의 굳었을 때 긴 젓가락을 지단 밑에 벌려 넣고 들어 올려 뒤집는다.
※항상 노란지단, 흰지단 순으로 부쳐야 잘 부쳐진다.
※기름이 너무 많거나 팬이 너무 뜨겁지 않도록 한다.

2) 줄알(북어국)

줄알은 달걀을 풀어서 소금과 후춧가루를 약간 넣고 끓는 물이나 고기국물에 넣었다가 재빨리 건져놓는 것으로 국수의 꾸러미로 사용하기도 한다.

3) 알쌈(비빔밥)

소고기를 곱게 다져 양념한 후 콩알 만큼씩 둥글게 빚어 팬에 지져 소를 만든다. 달걀을 풀어 팬에 한 숟가락씩 놓은 다음, 너무 익기 전에 소를 넣고 반 접어 반달 모양으로 지진다. 신선로, 된장찌개의 고명으로 쓰며 술안주로 쓴다.

4) 완자

양념한 고기를 1.5cm 정도로 빚은 다음, 밀가루를 입히고 달걀물을 씌운 후에 기름을 두른 팬에 익혀 낸다.

5) 고기 고명

고기를 곱게 다지거나 곱게 채 썬 다음 갖은 양념하여 볶은 후에, 국수장국이나 비빔밥 및 떡국 등의 고명으로 사용한다. 또한 고기를 통째로 육수를 끓인 후 건져서 편으로 저며 고명으로 사용한다.

6) 고추·향채류·파의 고명

① 마른고추 : 실고추는 건고추를 잘라서 씨를 빼고 젖은 행주로 깨끗이 닦은 다음, 말아서 가늘게 채 썬 것으로 국수장국, 비빔국수, 칼국수 등 음식류의 고명으로 사용되며 오이숙장아찌, 무숙장아찌, 호박선, 김치 등에도 사용한다.

② 청·홍고추 : 완숙된 건조 전의 홍고추의 씨를 제거하고 안의 내용물을 도려낸 후 필요한 길이로 썰어서 미나리강회 등에 색깔과 맛을 주기 위한 장식으로 사용한다. 또 채는 생선의 장식으로 사용하고, 통으로 어슷 썰어 생선찌개나 돼지갈비찜에 사용한다. 어린 풋고추 크기의 청·홍고추를 통으로 어슷 썰어 생선찌개 등에 사용한다.

③ 실파, 대파 : 파는 음식에 풍미를 주기도 하지만 고명의 역할을 하기도 한다. 실파는 젓국찌개 등에 사용되고, 대파는 채를 쳐서 다시 다지는 등의 작업을 거쳐 모든 음식조리의 양념으로 사용하고 어슷 썰어 찌개 등에 사용한다.

7) 견과류 고명

① 호두 : 겉껍질을 벗긴 다음 뜨거운 물에 데쳐서 쓴맛을 제거하고 꼬지로 속껍질을 벗겨 사용하거나 기름에 튀겨 사용하기도 한다. 이 호두는 딱딱한 껍질을 깨어 알맹이를 꺼낸 후 뜨거운

물에 10~15분 동안 담가 속껍질이 불어나면 뾰족한 것으로 벗긴다. 신선로, 찜 등에 쓰인다.

② 은행 : 은행은 겉껍질을 벗겨 깨끗한 팬에 기름과 소금을 두르고 익히는데, 초록색이 되면 즉시 면행주나 키친타월로 껍질을 벗겨 신선로나 닭찜 등에 사용한다. 또한 신선로, 전골, 찜의 고명, 마른안주 등에 쓰인다.

③ 밤 : 밤은 겉껍질과 속껍질을 벗겨 나박 썰기하여 겨자채에 사용하고, 채 썰어 보쌈김치나 떡 및 한과에 고명으로 사용한다.

④ 대추 : 깨끗하게 씻어 씨를 빼고 얇게 편 후에 채 썰어 보쌈김치나 떡 및 한과에 고명으로 사용한다.

⑤ 잣 : 고깔을 떼고 마른 행주로 닦아 한지나 A4용지 등 깨끗한 종이를 깔고 도마 위에 칼날로 다져 보슬보슬하게 가루를 낸다. 통잣은 보쌈김치나 배숙, 쪼갠 비늘잣은 호박선에 사용하며, 가루는 섭산적, 홍합초, 화양적에 사용한다.

⑥ 호두 : 찜, 신선로, 전골

잣가루 내는 방법

물기 없는 도마에 기름종이를 깔고 잘 드는 칼날로 펼쳐가며 다지되, 종이를 자주 바꿔가며 기름기를 제거시켜 뽀얗고 포슬포슬한 가루로 만들어야 한다. 통잣은 잣의 속껍질까지 벗긴 것으로 실백이라고도 하며, 고깔을 떼고 마른행주로 닦아 그대로 쓰는데 화채, 수정과, 식혜 등에 띄워 내기도 하고, 여러 음식의 고명으로 쓸 수도 있다. 비늘잣은 통잣을 길이로 잘라 어만두, 규아상, 어선 등에 쓰며, 잣가루는 통잣을 종이 위에 놓고 다져 보송보송하게 하여 육회, 잡누름적, 구절판, 육포, 전복초, 홍합초 등에 뿌리거나 초간장에 넣어 쓴다.

8) 버섯류 고명

① 표고버섯은 따듯한 물에 설탕을 약간 넣고 불려 얇게 포를 뜨고 채 썰거나 골패 모양으로 썰어서 사용한다.

② 목이버섯은 나무에 자생하는 것으로, 따듯한 물에 불려 큰 것은 찢거나 채 썰어 사용한다.

③ 석이버섯은 바위에 자생하는 것으로, 부스러기를 떼어내고 이끼와 뿌리를 제거하여 잘 손질한 후 헹구고 나서 돌돌 말아 채 썰어 팬에 볶는다.

④ 목이버섯은 나무에 자생하는 것으로, 따듯한 물에 불려 큰 것은 찢거나 채 썰어 사용한다.

⑤ 석이버섯은 바위에 자생하는 것으로, 부스러기를 떼어내고 이끼와 뿌리를 제거하여 잘 손질한 후 헹구고 나서 돌돌 말아 채 썰어 팬에 볶는다.

9) 실고추, 붉은고추, 풋고추

실고추는 고추를 건조시켜 돌돌 말아 채 썬 것으로 김치, 나물 등에 많이 사용된다. 붉은고추와 풋고추는 주로 씨를 제거한 후 씻어서 곱게 채 썰거나 다져서 김치 등과 같은 절임류와 무침류에 사용된다.

10) 소고기완자

소고기를 곱게 다져 소금, 설탕, 파, 마늘 다진 것, 후춧가루, 간장, 참기름으로 양념한다. 은행알만하게 빚어 밀가루, 달걀을 씌워서 팬에 기름을 두르고 굴려가면서 지진다. 신선로, 면, 전골, 완자탕 등에 쓰인다.

① 고기 고명 : 소고기를 곱게 다져 양념하여 볶은 다음, 다시 더 다져서 국수장국 등의 고명으로 쓴다. 또는 소고기를 가늘게 채 썰어 양념하여 볶은 후 떡국 등의 고명으로 쓴다. 소의 살코기를 다진 후 갖은 양념을 하여 직경 1~2cm의 은행알 크기보다 약간 크고 둥글게 만든 다음, 밀가루와 달걀을 입혀서 팬에 기름을 두르고 굴리며 지진다. 신선로나 전골 등에 사용되며, 조금 크게 만든 것은 완자탕에 주재료로 사용한다.

② 편육과 고기채 : 편육은 국수의 웃기로 사용되는데, 고기를 끓는 물에 삶아서 면보에 싸 수분을 제거한 후 채치거나 얇게 저며 사용한다. 고기채는 고기를 채쳐 양념하여 팬에 볶은 후 고명으로 비빔밥이나 국수 등에 사용한다.

11) 채소류 고명

① 미나리촛대 : 초대는 미나리 잎과 뿌리를 제거하고 줄기 부분만 꼬지에 가지런히 꿰어 밀가루를 묻히고 달걀 푼 것을 씌워 팬에 불을 약하게 하여 기름을 두른 다음, 초록색을 유지하게 지져 마름모나 골패 모양으로 썰어 만둣국 등에 사용한다. 실파나 쑥갓으로 초대를 만들어 사용하기도 한다.

② 오이 : 선명한 초록색을 띠는 가시오이를 소금으로 문질러 씻은 다음, 길이 5cm 정도로 잘라서 잘 드는 칼로 두께 0.3cm 정도로 돌려가며 얇게 겉껍질을 깎아낸 후 폭 0.3cm로 채 썰어 소금에 살짝 절인 후에 볶아 비빔국수, 어선, 잡채, 칠전판 등에 사용한다.

③ 호박 : 애호박을 깨끗이 씻어 두께 0.3cm, 폭 0.3cm, 길이 5cm 정도로 자른 뒤, 얇게 겉껍질을 돌려 깎기 하여 깎아낸 후 채 썰어 소금에 살짝 절인 뒤에 팬에 볶아 비빔밥이나 칼국수 등에 사용한다.

12) 통깨

알이 굵은 참깨를 골라 물에 담가 불린 다음, 양이 적을 때는 손으로 문질러서 하얗게 껍질을 벗기고, 많을 때는 물기가 있는 체로 절구에 넣고 살살 쓸어서 물에 담가 껍질을 일어 건져서 볶아 쓴다. 보통은 껍질을 벗기지 않고 사용하는데, 통깨는 그대로 쓰거나 소금을 조금 넣고 빻아 쓰기도 한다.

13) 고추

고추를 말려 씨를 뺀 다음 돌돌 말아 채 썬 실고추는 김치, 나물 등에 쓰이며, 다홍고추(물고추)는 씨를 빼고 씻어서 곱게 채 썰어 사용한다.

14) 감국잎

국화잎을 씻어 녹말을 묻혀 끓는 물에 데친 다음, 찬물에 헹궈 채반에 건져 고명으로 쓴다.

15) 산초

산초는 열매와 잎사귀 전부를 향신료로 쓴다. 어른 싹으로 부드럽고 싱싱한 것이 양질이며, 방향이 좋다. 익으면 열매를 건조시켜 가루로 만들어 비린내나 기름기를 없애는데 사용한다. 특히 건위와 구충작용을 한다.

16) 초간장

초간장은 간장과 식초를 주재료로 하여 만든 양념간장으로, 식초에 설탕을 타서 잘 저은 다음 간장을 넣고 섞은 뒤 잣가루를 넣어 만들며 주로 저냐에 곁들인다. 또는 파의 흰 부분을 곱게 다져 식초, 고춧가루, 간장, 설탕, 깨소금을 넣어 고루 섞어 만들기도 하는데, 굴회에 곁들인다. 그 밖에 식초나 여름귤의 신맛을 이용하여 귤즙을 만들어 간장, 설탕, 꿀, 곱게 다진파를 넣어 섞어 만들기도 하며, 편육이나 저냐랑 곁들인다.

17) 초고추장

초고추장은 고추장과 식초를 주재료로 하여 만든 양념고추장으로, 식초나 밀감즙에 꿀을 넣어 잘 저은 다음 고추장, 배즙, 생강즙을 넣어 잘 저은 후 참기름 한두 방울을 떨어뜨려 만든다. 육류회나 어패류회에 곁들인다. 그 밖으로 식초에 설탕을 넣고 잘 저은 다음, 고추장과 간장을 넣어 만들기도 하며, 주로 강회에 곁들인다.

18) 실파, 쑥갓촛대

① 실파의 뿌리를 자르고 꼬챙이에 꿰어 밀가루를 묻힌 다음, 달걀을 씌워 팬에 지진다.

② 골패 모양이나 마름모꼴로 썰어 고명으로 쓴다. 쑥갓으로 초대를 만들어 사용하기도 한다.

7. 기초 양념장 만들기

1) 한국음식의 기본 양념(재료 100g 당 양념)

	파	마늘	생강	참기름	깨소금	간장	고추장	설탕	식초	소금
수분이 첨가된 가열요리	2ts	1ts	1/2ts	1ts	3ts	1Ts	1Ts	1ts	1ts	–
무침요리	1ts	ts	–	1/2ts	–	–	1ts	1ts	1ts	1/3ts

2) 기초 양념장

① 생채용 양념장 : 간장, 식초, 설탕 등

② 냉채용 양념장 : 식초, 설탕, 소금, 마늘, 갠겨자 등

3) 곁들이는 양념장

① 유장(간장 : 참기름 = 1 : 2~3)

② 초간장(간장 : 식초 : 물 = 2 : 1 : 2)

③ 초고추장(고추장 : 식초 : 설탕 = 1 : 1 : 0.5)

④ 겨자 발효시키기(겨자가루 : 따듯한 물 = 1 : 1)

⑤ 겨자초즙(간장, 식초, 설탕, 소금, 물, 갠겨자)

⑥ 단촛물(식초 : 설탕 : 소금 : 물= 1 : 1 : 0.3 : 1)

⑦ 약고추장(고추장 : 설탕 : 물 = 1 : 1/2~1 : 1)

석이버섯
- 보쌈김치, 국수, 신선로, 편육, 호박전 등에 사용한다.
- 따듯한 물에 불려 손으로 비벼, 검은 이끼를 벗기고 씻어서 돌을 따 낸다.
- 석이버섯가루는 깨끗이 손질하고 바싹 말려 부스러뜨리면 고운가루를 만들 수 있다.

건표고버섯
- 따듯한 물에 불려 기둥을 따내고 사용한다.
- 불린 물 : 찌개국물 등으로 사용한다.

목이버섯
- 찬물에 불려야 조직이 꼬들꼬들하며 볶았을 때 씹히는 맛이 좋다.

제6장

한국전통요리

한국음식의 재료 및 용도

한국음식에 사용되는 재료는 다양하여 산과 들, 강과 바다에서 생산되는 온갖 동·식물로 이루어져 있다. 초근목피와 산해진미라는 말이 있듯이 풀뿌리, 나무껍질과 열매로부터 가축, 짐승, 생선, 해초류에 이르기까지 그 범위가 매우 넓다.

1. 곡물류

밥을 주식으로 하는 만큼 쌀의 비중이 크며 그 이외에도 보리, 밀, 콩, 팥, 조, 수수, 옥수수, 녹두, 메밀 등의 곡물이 있다. 쌀에는 멥쌀과 찹쌀이 있으며, 보리는 낟알의 구조에 의해 겉보리와 쌀보리로 나뉜다. 밀은 껍질이 질기고 속이 잘 부서지기 때문에 밀가루로 가공하여 사용하는 것이 보통이다. 이러한 곡물들은 밥, 죽, 떡, 만두, 국수, 미숫가루, 과자, 식혜, 술, 식초, 기름, 엿, 메주, 묵 등의 음식을 만드는 데에 쓰인다.

2. 감자류

감자와 고구마는 곡물류와는 종류가 다르지만, 열량을 많이 내므로 열량식품으로 애용된다. 특히 감자는 단맛이 없어 밥 대신으로 이용되기도 하나, 고구마는 단맛이 많아 밥 대신 사용하기에는 어려운 점이 있는 식품이다. 이들 식품은 칼륨이 많으므로 소금과 함께 먹는 것이 좋고, 푸른 부분의 싹에는 유독성분이 있으므로 제거하고 사용해야 한다. 감자는 볶음이나 튀김요리 등에 사용하며, 강원도에서는 감자를 갈아 부침으로 사용하는 경우가 많다.

3. 콩류

콩류에는 콩, 팥, 녹두, 완두, 강낭콩 등이 있다. 콩은 두부 등 가공식품으로 이용할 수 있으며, 콩가루를 내어 떡고물과 여름에 미숫가루에 섞기도 하고, 밀가루에 생콩가루를 섞어 밀가루 단백질의 질을 높이기도 한다. 팥은 삶아서 밥에 넣거나 떡고물, 팥죽으로 많이 이용된다. 녹두는 숙주나물로 키워서 사용하거나 쌀처럼 녹두죽을 끓이기도 하며, 녹도의 녹말을 뽑아 청포묵과 편 등을 만들기도 한다. 완두, 강낭콩은 가루를 내거나 곡류와 섞어 쓰기도 한다.

4. 채소류

채소류는 곡물과 함께 우리 식생활의 주재료이며, 밭에서 재배되는 채소와 산에서 재배되는 산채로 나눌 수 있다. 채소는 색에 따라 시금치, 깻잎, 아욱, 근대, 상추, 당근 등의 녹황색 채소와 무, 콩나물, 숙주나물, 양파, 마늘 등의 담색 채소로 나뉘며, 산채로는 도라지, 더덕, 두릅, 달래, 쑥, 씀바귀, 질경이, 비름, 취, 냉이, 돌미나리 등이 있다. 채소류가 이용되는 요리에는 각종 김치류를 비롯하여 생채, 숙채, 쌈, 장아찌, 찜, 조림, 찌개, 잔, 작, 볶음 등 무수하다.

5. 버섯류

버섯에는 송이버섯, 표고버섯, 석이버섯, 목이버섯, 싸리버섯, 느타리버섯 등이 있다. 이중에서 표고버섯, 목이버섯 등은 인공재배하고, 건조시킬 때는 일광하여 에르고스테린이 비타민 D로 변해 광택이나 향미가 좋게 한다. 버섯은 구이, 볶음 등으로 또는 음식의 고명으로 사용되며, 조리할 때는 그 독특한 향기가 살아나도록 양념을 많이 쓰지 않는 것이 좋다.

6. 육류

육류에는 소고기, 돼지고기, 닭고기, 양고기, 멧돼지, 노루, 토끼, 염소, 꿩, 오리, 메추리 등이 사용되나 주로 소고기, 돼지고기, 닭고기가 많이 사용되고 살코기 외에 뼈, 머리, 꼬리, 내장, 족까지도 헛되지 않게 사용된다.

특히 한식에서 많이 사용되는 소고기의 부분별 명칭과 용도를 보면 다음과 같다. 소는 도살 후 자체 내의 소화효소의 의해 숙성기간이 12~14시간 소요된다. 운동을 많이 한 부위는 추출물은 많으나 질기므로 습열조리인 끓이기나 찜 등에 알맞으며, 운동을 덜한 부위인 등심, 안심, 채끝살 부위는 구이에 알맞다.

1) 소고기

소고기는 성질이 편하고 따듯하며 맛은 달다. 그러나 약간의 독이 있다. 비위는 심장(염통), 천엽, 골, 꼬리, 홍두깨살, 안심구이, 전회, 골탕, 저냐, 곰탕 등으로 분류된다. 소고기는 품종, 성, 연령, 성숙도, 영양상태 및 부위별로 그 품질과 맛에 큰 차이가 있는데, 적당히 잘 성숙된 소는 육색소인 미오글로빈의 함량이 높아 돼지고기에 비해 진한 색소를 나타내어 선홍색을 띠게 되는 것으로, 근섬유는 섬세하고 탄력이 있으며 광택이 나고 특유의 향기가 있는 것이 좋다. 또한 백색 지방이 근육조직의 내부까지 침착되어 표면이 균등하게 서리와 같이 덮여 있는 상강육(霜降肉, marbling)이 고루 풍부하게 퍼져 있는 것을 최고급 상등육으로 여긴다. 특히 양질의 단백질과 철을 많이 함유하고 있으며, 지질의 공급원이 되는 영양가 높은 식품으로 돼지고기에 비해 철이 많아 빈혈에 효과가 있을 뿐만 아니라 필수아미노산이 많아 영양불량에 의한 부종을 다소 줄여주고 다리 및 허리 근육을 강하게 해주는 특성이 있다.

일반적으로 육류를 먹으면 몸이 따듯해지지만, 소고기는 돼지고기보다 그 작용이 강하기 때문에 냉증에 좋고 위장의 기능을 돕는 작용도 있어 위장이 냉해서 설사와 식욕부진이 있는 사람에게 효과가 있는 것으로 알려져 왔다. 그러나 소고기는 비교적 콜레스테롤의 함량이 높아 적당히 섭취하는 것이 좋다.

(1) 안심(tenderloin)

안심은 등뼈의 바깥쪽에 있는 채끝살의 안쪽에 붙은 가늘고 긴 고기로, 갈비뼈가 끝나는 13번 뼈의 바깥쪽과 등뼈 안쪽에 각각 1개씩 2개가 있으며, 1개의 무게는 3kg 정도이고 정형하면 2.5kg 정도로 한 마리의 소에서 약 2% 정도 밖에 얻을 수 없는 최고급 부위에 속한다. 안심의 부위는 거의 사용되지 않는 근육이므로, 부드럽고 결이 고우며 맛도 좋고 적당한 지방층이 형성되어 풍미가 좋아 구이나 스테이크, 산적, 냉채, 소고기편채, 볶음, 바비큐 등에 사용된다.

(2) 등심(sirloin)

등심은 갈비 전체의 위쪽 등뼈 앞으로 형성되어 있는데, 양 옆으로 대칭되어 2개 부위가 나오며, 대리석 같은 기름(marbling)에 의해 품질이 결정되어 마치 서리가 내린 것처럼 고기에 얼룩지방이 고르게 분포된 것이 질 좋은 등심으로 평가된다. 안심에 비해 지방질이 많은 편으로 지방분과 줄기가 부분적으로 몰려 있는 곳도 있으며, 두껍게 써는 요리에는 적당하지 않으며 불고기나 전골, 징기스칸, 로스편채, 너비아니구이 등에 주로 이용된다.

(3) 채끝살(beef rip eye)

채끝은 등심에서 이어지는 허리 부분의 고기로 등심의 윗 부분이며 등심과 비슷한 단일근육이고 스커트 모양의 치맛살이 포함되며, 고기의 결이 곱고 비육이 잘된 소의 채끝은 대리석 무늬의 지방이 있는 것이 육질이 연하고 풍미와 향기가 좋아 상급육에 해당된다. 조리법으로는 스테이크나 생고기구이, 로스편채, 주물럭, 커틀릿, 샤브샤브, 불고기, 스키야키 등에 적당하다.

(4) 우둔(top round)살과 홍두깨살

우둔살은 양쪽 엉덩이 부분 오른쪽 우둔과 왼쪽 우둔으로 나뉘며, 양지살과 같이 양 3~4cm의 뚜껑처럼 생긴 층이 있고 이를 젖히면 기름이 없는 살덩이 4~5kg 정도가 나오는데 이것을 우둔살이라고 한다. 붉은 살코기로 지방의 양은 소고기 부위 중에서는 중간 정도이며 근육막이 적어 비교적 연하고 맛이 좋은 것이 특징이다. 주로 육회나 구절판, 나물 등의 고명, 산적구이, 다진고기용 등으로 적당하다.

홍두깨살(beef eye of round)은 하측 우둔과 뒷다리 바깥쪽 관절 사이에 붙어 있는 살로, 지방과 살코기가 적당한 비율로 섞여 있어 결이 곱고 부드러운 살로 보기도 좋고 질기지 않은 특성이 있다. 길쭉한 45cm 정도의 길이로 원통형이며 방망이같이 생겼다 하여 홍두깨라 부른다. 주로 장조림, 육회, 육포 등에 많이 쓰이며, 구절판 등 가는 고기채 썰기를 할 때 결대로 곱게 썰기가 좋아 많이 이용되고 있다.

(5) 대접살(rump sirloin)

넓적다리 안쪽 부분에 해당하는 고기로, 고기의 빛깔이 붉은색을 보이며 결이 고르고 연하여 불고기, 육회, 산적, 조림, 구이 등 조리법의 응용범위가 넓은 편이다. 넓적다리 위의 홍두깨살과 같이 취급된다.

(6) 양지(beef plate)

양지머리(beef brisket)는 목심 턱 밑의 앞가슴살로, 맨 앞쪽에 단단한 지방과 쌀로 뭉쳐진 부위로 국거리용으로 적당하다. 양지머리, 차돌박이, 업진살, 치맛살 등이 해당된다.

차돌박이(beef brisket)는 흰색의 단단한 기름을 말하는데, 육질이 돌과 같다고 하여 붙여진 이름으로, 얇게 썰어 구이용 돌판에 구워서 먹는다. 맛이 일품이고 국물을 끓이면 가장 구수한 맛이 나는 부위이기도 하다.

업진살(a kind of beef plate)은 중간 부위(7번갈비) 하단의 뱃살로 치맛살의 일부이며 앞쪽에 위치하고 있고, 지방과 붉은 살코기가 층을 이루고 있어 수프를 맛있게 만들고자 할 때 이용하면 좋고 네모지게 썰어 카레, 스튜, 국거리 등 삶는 요리 등에 많이 이용한다.

치맛살(beef plate skirt)은 갈비 7번 뒤쪽 하단부의 업진육과 붙어있는데, 뒤쪽 부위에 해당되며 주름치마와 같이 주름이 있어 치맛살이라고도 한다. 결이 일정하고 기름층과 살이 교차되어 육즙이 맛이 있어 국물을 내는 요리에 이용한다.

(7) 장정육(beef chuck)

목심이라고 해서 단순히 한 덩어리가 아니라 크게 목 중심 부위와 다리 위쪽 살로 나누어진다. 어깻살 위쪽으로 연결되어 있으며 겉은 지방으로 둘러져 있고, 목심에는 여러 가지 다양한 근육이 모여 있으며 안쪽에 방골 자국이 선명하고 두꺼운 힘줄이 여러 갈래로 갈라져 표면에 나타나며, 약간 질기기는 하나 지방이 적당히 함유되어 있어 풍미가 좋은 편으로 전골이나 탕, 조림, 스튜 등과 같이 뭉근히 끓이는 음식에 이용하면 좋다.

(8) 사태(shank)

다리의 장딴지 부위로 근막이 발달되어 있고 콜라겐이나 엘라스틴 등이 많아 질기지만, 한 불에서 오래 가열하면 콜라겐이 젤라틴화 되어 부드러워진다. 무릎관절을 감싸고 있는 여러 근육들을 근막에 따라 앞다리 또는 뒷다리에서 분리하여 정형한 것을 뭉치사태라고 하며 여러 덩어리가 뭉쳐진 것처럼 생겼다하여 명명되었고, 아롱사태라 함은 뭉치사태의 가운데에 위치한 아킬레스건으로 연결되어 있는 단일근육으로 고구마 모양으로 생긴 근육을 말한다. 육회나 탕, 스튜, 찜, 장조림, 편육 등에 주로 사용된다.

(9) 갈비(beef ribs) – 갈비 – 갈비마구리, 토시살, 안창살, 제비추리

갈비는 목심에서 이어지는 갈비를 1번으로 하여 등뼈를 중심으로 왼쪽 갈비짝과 오른쪽 갈비짝

으로 나뉘며, 등쪽의 갈빗대는 아래쪽 갈빗대보다 굵으며 물렁뼈로 되어 있고, 갈비는 등쪽부터 배쪽까지 사방에 내장을 보호하거나 연결하는 살이 있다.

갈비(beef ribs)뼈는 전체 13개가 있는데, 앞다리쪽 부위를 1번으로 하여 1~13번까지를 갈비라 하며, 등쪽의 마구리를 제거하고 갈비 안쪽 막(제비추리, 안창살, 토시살)을 제거한 정리된 갈비만을 뜻한다. 갈비는 지방질이 많으나 부드럽고 흰서리 같은 부분이 많을수록 품질이 좋은 것이다. 기름이 하얗고 덩어리기름이 너무 많거나 질긴 껍질이 많은 것은 먹기도 나쁘고 조리하기도 불편하므로 피해서 구입하는 것이 좋다. 갈비 특유의 풍미로 구이나 찜, 탕 등을 하면 맛이 매우 뛰어나다.

갈비마구리(beef trimmed ribs)는 국내에서 유통되는 갈비짝으로 등쪽 부위의 등심을 떼어내고 아래 부위의 양지를 떼어내어 살이 별로 없는 것이 특징이며, 육수나 갈비탕용으로 많이 사용되고 있다.

안창살은 갈비(흉부)와 내장(복부)을 잇는 안심살의 옆에 폭 7cm 정도의 T자 모양의 살이다. 안창살은 창문 안쪽 커튼 윗부분의 주름살처럼 생겼다 하여 붙여진 이름으로, 질기기는 하나 씹는 촉감과 육즙향이 매우 좋아 구이용으로 많이 쓰이고 있다.

제비추리는 안창살과 비슷하지만 등쪽의 1번 갈비와 6번 갈비 안쪽에 붙어 있는 살로, 제비추리라는 말은 제비가 날개를 편 것 같이 '날씬하고 긴 고기 같다'고 하여 붙여진 이름이며 구이용으로 많이 쓰이고 있다.

좋은 소고기 고르는 방법 및 조리 포인트

소고기의 생육에는 냄새가 없어야 하고 선홍색이면서 밝은 색을 띠고 윤기가 나야 한다. 운동에 쓰는 근육 부위나 노령에 가까워질수록 색이 진한 암적색을 띤다. 냉동육은 색깔이 진붉고 어둡지만, 녹으면서 밝은 빛으로 돌아온다. 육회, 생등심 구이, 생갈비 구이용은 신선함뿐만 아니라 색깔이 선홍색으로 유지되어야 한다. 그리고 지방의 대리석무늬(marbling)가 고루 분산되어 있어야 풍미가 좋으며, 지방의 색깔은 흰색 또는 연한 크림색으로 광택이 충분하고, 소 특유의 향기가 나고 육질이 굳고 끈기가 있는 것이 좋다. 손으로 눌러보아 탄력이 있어야 하고, 조직이 치밀하고 단단한 것이 좋다. 썰었을 때 육면에서 수분이 나오는 것은 맛이 없다.

다진 소고기를 구입할 경우, 다져놓고 파는 고기를 구입하면 공기 중에 지방이 산화되는 기간이 길어 과산화지질이 생성될 수 있으므로, 필요한 부위를 덩어리째 구입한 후 갈아달라고 부탁하여 구입하는 것이 좋다. 저민 고기 역시 표면이 공기 중에 노출되어 쉽게 지방이 산화되기 쉬우므로, 구입 시 고기의 색이 선홍색을 띠고 사이사이 지방이 가늘게 섞여 있는 것을 구입하고, 썰어진 면이 검게 변해 있거나 힘줄이 눈에 띄고 지방이 누렇게 변한 것이나 냄새가 나는 것은 피하고, 채 썬 고기용으로 소고기를 구입할 경우 중간에 굵은 지방이 섞여있으면 채 썰었을 때 끊어질 염려가 있으므로, 살이 고르게 펴져 있는 것을 고르고, 덩어리 고기나 저민 고기를 구입해서 조리 직전에 먹는다.

2) 돼지고기

돼지고기는 성질이 차고 냉하다. 맛이 쓰며 독이 조금 있고 해열(解熱)을 한다. 또한 열로 혈맥이 막히고 근골이 약하며 허한 증상을 치료한다. 그러나 돼지고기는 사람의 기운을 허하게 하고 약효를 죽이며 풍을 동하게 하기 때문에 오랫동안 먹으면 좋지가 않다.

돼지고기의 부위별 명칭 및 용도는 다음과 같다.

- 목심 : 구이용으로 특징은 등심에서 목쪽으로 이어지는 부위로써 여러 개의 근육이 모여 있다. 근육막 사이에 지방이 적당히 박혀 있어 풍미가 좋다.
- 앞다리 : 용도는 불고기, 찌개, 수육(보쌈)으로, 특징은 어깨 부위의 고기로서 안쪽에 어깨뼈를 떼어낸 넓은 피막이 나타난다.
- 갈비 : 바비큐, 불갈비, 갈비찜에 이용된다. 옆구리 늑골(갈비)의 첫 번째부터 다섯 번째 늑골 부위를 말하며, 근육 내 지방이 박혀 있어 풍미가 좋다.
- 삼겹살 : 구이, 베이컨(가공용)에 사용되며 갈비를 떼어낸 부분에서 복부까지의 넓고 납작한 모양의 부위이다. 근육과 지방이 삼겹의 막을 형성하며 풍미가 좋다.
- 등심 : 폭찹, 돈가스, 스테이크에 사용되며, 특징은 표피쪽에 두터운 지방층이 덮인 긴 단일근육으로써 고기의 결이 고운 편이다.
- 안심 : 탕수육, 구이, 로스, 스테이크에 사용되며, 허리부분 안쪽에 위치한다. 안심 주변은 약간의 지방과 밑변의 근막이 형성되어 있고, 육질은 부드럽고 연하다.
- 뒷다리 : 튀김, 불고기, 장조림에 사용되고, 볼기 부위의 고기로 살집이 두터우며 지방이 적은 편이다.
- 갈매기살 : 용도는 구이용이며 돼지의 '횡경막(橫經膜)'에 붙어 있는 고기로, 원래의 명칭은 '가로막이살'에서 유래되었다.
- 방아살 : 구이, 찜, 전골용으로 사용되며, 등심 복판에 있는 부위이다.

3) 닭고기

닭고기는 수육에 비해 연하고 맛과 풍미가 담백하며 조리하기 쉽고 영양가도 높아 전 세계적으로 폭넓게 요리에 사용된다. 닭고기의 성분은 소고기보다 단백질이 많아 100g 중 20.7g이고, 지방질은 4.8g이며 126kcal의 열량을 내고, 비타민이 특히 많다. 그 밖에 칼슘 4mg, 인 169mg, 비타민 A 0.04mg, 비타민 B_1 0.09mg, 비타민 B_2 0.15mg 등이 함유되어 있다. 또한 닭고기가 맛있는 것은 글루탐산(酸)이 있기 때문이며, 여기에 여러 가지 아미노산과 핵산 맛 성분이 들어 있어 강하면서도 산뜻한 맛을 낸다. 흔히 닭을 잡아 바로 사용하나, 하루 정도 경과하여 숙성된 것이 맛도 좋고 고기도 더 연하므로 냉동된 것을 택하는 것이 좋다.

닭의 부위별 조리용도를 보면, 통닭구이로는 1,000~1,300g 정도의 닭이 알맞으며 구이나 백숙용도에 적당하다. 닭다리는 튀김, 조림, 구이에 적당하다. 가슴살은 기름기가 없어 담백하며 튀김, 찜, 구이에 적당하고, 날개는 운동을 많이 한 부분이어서 맛이 좋아 찜이나 튀김에 적당하다. 등과 목은 지미성분이 있고 국물이 잘 우러나는 특징이 있어 국물용으로 적당하다.

4) 꿩고기

꿩고기는 따듯한 성질을 지니고 있으며 맛은 시고 3~8월 경에는 독성이 있다. 그러나 속을 보호하고 기를 더하며 설사를 그치게 하고 부스럼을 없앤다. 꿩은 식품으로 귀한 재료이지만, 독이 있어 철에 따라 먹거나 상식(매일 먹는 것)은 피해야 한다.

7. 어패류

어류에는 지방이 적고 살코기가 흰 도미, 민어, 광어, 조기 등의 백색어류와 지방분이 많고 살코기가 붉은 꽁치, 고등어, 정어리 등 적색어류가 있다. 어류를 계절로 보면, 봄에는 조기와 도미, 여름에는 민어나 준치, 뱀장어, 가을에는 대구, 청어, 명태 등이 맛이 있다.

패류에는 모시조개, 대합, 굴, 맛, 홍합, 피조개, 꼬막, 바지락, 전복, 소라, 골뱅이, 우렁이 등이 있으며, 갑각류에는 게, 가재, 새우 등이 있다.

어패류의 용도는 회, 포, 구이, 전, 찜, 탕, 조림, 찌개, 자반, 젓갈 등 다양하게 쓰인다. 삼면이 바다인 한국의 중요한 단백질 식품으로 우리가 섭취하는 전체 단백질의 30%이며 동물성 단백질의 80% 이상을 차지한다. 어패류는 살뿐만 아니라 알, 내장까지도 식용으로 하며, 한국 고유의 가공품 형태로 옛날부터 전해진다. 종류는 바다에 서식하는 생선과 민물에서 자라는 생선인 잉어, 붕어, 미꾸라지, 메기, 뱀장어, 은어, 가물치 등이 있다. 극피류인 성게류와 해삼류가 있으며, 갑각류인 게, 새우, 대하 등과 연체류인 꼴뚜기, 낙지, 오징어, 복족류인 전복, 소라, 우렁이, 굴, 대합, 가막조개, 모시조개 등이 있다.

어류도 죽으면 근육이 강직되어 사후 1~4시간 만에 강직된다. 그후에는 시간이 경과됨에 따라 근육 속의 효소작용으로 단백질이 자체 분해되어 적당하게 살이 연해지고 맛도 좋아진다. 큰 생선일수록 죽은 후 맛이 날 때까지의 시간이 길며, 전갱이 등은 잡은 지 3시간 후에 맛이 가장 좋다. 그러나 민물고기, 조개류, 게는 산 것을 요리할 때 맛이 가장 좋다. 신선한 생선은 비늘에 광택이 있고 몸에 밀착되어 있으며 오래된 것일수록 광택이 없고 떨어지기가 쉽다. 신선한 생선은 눈이 툭 튀어나오고 유리알 같이 맑고 투명하며 아가미는 빛깔이 빨갛고 뚜껑이 꼭 닫혀 있다. 살은 단단하고 탄력이 있으며 빛깔이 선명하고 광택이 있는 것이 좋다. 또 뼈와 살이 밀착되어 잘 떨어지지 않는 것이 신선하고, 생선을 통째로 물에 넣으면 신선한 것은 가라앉는데 오래된 것은 배에 가스가 생겨 배쪽을 위로 향하고 뜬다. 또한 상한 것은 악취가 난다.

8. 해조류

해조류는 크게 녹조류, 갈조류, 홍조류로 나눌 수 있다. 보통 식용으로 사용되는 녹조류는 파래, 갈조류는 다시마, 미역, 홍조류는 김 등이 있다. 해조류는 자라나는 바다의 깊이와 색깔에 따라 갈조류(톳, 미역, 다시마, 대황, 모자반 등), 홍조류(우뭇가사리, 김, 카라니긴 등), 녹조류(파래, 청각, 청태 등)로 구분된다. 해조류에는 카로틴, 요오드, 철분, 엽록소, 무기질 성분이 많이 들어있으며 최근에는 다시마가 다이어트식품으로 각광을 받고 있다.

9. 알류

알류에는 달걀, 오리알, 메추리알 등이 있으며 삶거나 찜, 조림, 수란, 전을 부칠 때 쓰는 재료로 사용된다. 또 달걀지단을 부치거나 알쌈을 만들어 음식 위의 고명으로 쓰기도 한다.

10. 과실류

예로부터 한국음식에 쓰이던 과일은 사과, 배, 복숭아, 감, 앵두, 포도, 귤, 유자, 모과, 밤, 대추, 잣, 호두, 은행 등이 있으며, 최근에는 수입된 과일이 많아 그 종류가 많아졌다. 이 과일은 주로 생으로 이용하거나 잼을 만들어 저장하기도 하고 딸기, 배, 복숭아 등 국물이나 오미자국물에 넣어 화채를 만들기도 한다. 특히 호두, 잣, 밤, 땅콩, 은행 등 견과류는 찜, 구절판, 신선로, 술안주, 고명으로 쓰이며 간식으로도 이용된다. 또한 술이나 식초를 만드는 데도 사용되며 밤, 대추, 모과, 귤 등으로 설탕이나 꿀에 졸여 정과를 만들기도 한다.

제7장
한국전통요리

한국음식의 색과 미

1. 오방색(五方色)

오방색은 황(黃), 청(靑), 백(白), 적(赤), 흑(黑)의 다섯 가지 한국의 전통색을 말한다. 음과 양의 기운이 생겨나 하늘과 땅이 되고, 다시 음양의 두 기운이 목(木), 화(火), 토(土), 금(金), 수(水)의 오행을 생성했다는 음양오행 사상을 기초로 한다. 오행에는 오색이 따르고 방위가 따르는데, 중앙과 사방을 기본으로 삼아 황은 중앙, 청은 동, 백은 서, 적은 남, 흑은 북을 뜻한다. 또한 청과 황의 간색에는 녹색, 청과 백의 간색에는 하늘색, 적과 백의 간색에는 홍색, 흑과 적의 간색에는 자주색, 흑과 황의 간색에는 회색이 있어 이들을 오간색 또는 오방잡색이라고 한다.

황(黃)은 오행 가운데 토(土)에 해당하며 우주의 중심이라 하여 가장 고귀한 색으로 취급되어 임금의 옷을 만들었다. 청(靑)은 오행 가운데 목(木)에 해당하며 만물이 생성하는 봄의 색으로 귀신을 물리치고 복을 비는 색으로 쓰였다. 백(白)은 오행 가운데 금(金)에 해당하며 결백과 진실, 삶, 순결 등을 뜻하기 때문에, 우리민족은 예로부터 흰옷을 즐겨 입었다. 적(赤)은 오행 가운데 화(火)에 해당하며 생성과 창조, 정열과 애정, 적극성을 뜻하여 가장 강한 빛깔로 쓰였다. 흑(黑)은 오행 가운데 수(水)에 해당하며 인간의 지혜와 정화를 관장한다고 생각했다.

이처럼 음양오행 사상에 기초하여 오방색은 우리의 생활과 밀접한 관련을 맺고 있다. 악귀를 몰아내기 위해 혼례 때 신부가 연지곤지를 바르고 나쁜 기운을 막으며, 무병장수를 기원하고 돌이나 명절에 어린아이에게 색동저고리를 입히며 간장항아리에 붉은 고추를 끼워 금줄을 두르고 숯을 올려 정화시킨다. 또한 잔칫상 국수 위에 오색 고명을 올려 복을 기원하고 붉은 빛이 나는 황토로 집을 짓거나, 신년에 붉은 부적을 그려 대문에 붙이는 풍습이 있다. 특히 궁궐, 사찰 등의 단청에 색을 입힌 고구려의 고분벽화나 조각보 등의 공예품에서도 이러한 오방색을 사용하여 번창과 우주만물의 순조로운 조화를 기원하였음을 알 수가 있다.

1) 적색

주로 순환기계통으로 작용되며, 혈관이나 간장 질환에 좋은 역할을 하며 남성의 전립선 예방, 동맥경화에 효과적이고, 붉은 색소인 안토시아닌 성분은 소염작용과 노화방지, 혈액을 맑게 하며 심장 기능을 튼튼하게 한다.

① 토마토 : 혈당을 낮춰주고 고혈압, 비만, 당뇨 등 성인병 예방에 효과적이고, 육류와 섭취하면 콜레스테롤 수치를 낮춰주는 기능을 하며 항암효과, 면역력 증강에도 도움이 된다.
② 딸기 : 동맥경화, 심장질환, 당뇨, 변비에 효능이 있다.
③ 수박 : 이뇨작용과 해열작용을 하며 심장의 열을 식히고 고혈압에 효과가 있다.
④ 대추 : 신경쇠약과 심혈관 질환, 빈혈에 도움을 주며 혈을 맑게 하여 면역강화와 노화방지에 효능이 있다.
⑤ 당근 : 보혈작용이 있고 발육을 촉진하며 콜레스테롤 수치를 낮추고 담결석, 야맹증, 항암, 소염작용에 도움을 준다.
⑥ 산사 : 소화기능이 뛰어나고 지방을 분해하며 동맥경화, 심장질환에 효능이 있다.
⑦ 사과 : 지방을 분해하며 고혈압, 비만, 변비에 효능이 있다.

2) 백색

기관지 기능을 원활하게 하며 폐 기능을 강화하고 바이러스에 저항력이 있어 면역력을 높이며 피부를 윤택하게 한다. 특히 가래, 기침을 치료하는데 효과적이다.

① 양파 : 기운을 강하게 하고 혈액순환을 원활하게 하며 고혈압, 심혈관 질환에 작용하고 소화불량이나 위산분비에 도움을 주고, 육류 섭취 시 함께 먹으면 소화를 돕고 몸 속에 지방이 축적되는 증세를 예방할 수 있다.
② 무 : 소화를 촉진하고 만성기관지염에 작용하여 가래, 천식에 효과적이며 이뇨작용에도 도움을 주고 숙취해소에 효능이 있다.
③ 도라지 : 폐 기능을 강화하고 기침, 가래를 없애는 데에 도움을 주며, 인후통증을 없애주고 사포닌 성분은 면역력 강화에도 효과적이다.
④ 더덕 : 폐의 기운을 잘 통하게 하여 폐의 열을 식히고 인후가 건조한 증상이나 기침, 폐결핵에 효능이 있다.
⑤ 마늘 : 기(氣)를 돌게 하고 역병을 미리 막으며 독을 풀고, 삶아 꿀과 먹으면 기관지의 염증과

천식에 효능이 있다. 성분 중 알리신은 항산화 작용, 세포 노화방지, 암의 예방과 살균작용, 식중독 예방에 효능이 있다.

⑥ 배 : 호흡기 질환 치료에 효과가 있고, 기침이 심하게 나는 사람이나 성대를 보호하고 기관지의 피로를 풀어주는데 효과적이며 해열, 이뇨작용을 하고 감기예방, 소화작용에도 도움을 주고, 생강과 함께 사용하면 더 효능이 상승한다.

3) 황색

비위를 강화시켜 영양이 고르게 가도록 하여 허약체질에 도움을 주고, 베타카로틴 성분은 면역력 증강, 눈의 피로회복, 항암작용, 혈액순환과 식욕을 촉진하는 작용을 한다.

① 좁쌀 : 비위가 약한 사람이나 구토증세, 설사에 효능이 있다.

② 옥수수 : 심혈관 질환이나 비만에 효과가 있으며, 비위를 튼튼하게 하는 효능이 있다.

③ 호박 : 섬유질이 풍부하여 소화와 장 건강에도 도움을 주고, 면역력 증가, 항산화 작용을 하며 항암치료에 도움을 준다.

④ 카레 : 기혈순환에 도움을 주고 통증완화, 냉기를 없애고 담즙 분비를 촉진하며 소화기능에도 작용하며 치매예방, 관절염 치료에도 효능이 있다.

⑤ 감자 : 비장을 튼튼하게 하며 소염작용과 콜레스테롤 수치를 낮추고 섭취한 염분을 배출하며 위, 십이지장 궤양에도 효능이 있다.

⑥ 고구마 : 칼륨이 많아 혈압을 조절하며 풍부한 토코페롤이 노화방지 역할을 하고, 섬유소는 변비예방 및 치료 효과를 내며 피부미용에도 좋다.

4) 청록색

성질이 차서 열을 식히며 기운을 소통시키고 열이 위로 올라와 생기는 두통이나 어지러움증에 효능이 있으며 뼈를 강화하고 몸의 독소를 배출하는 기능을 한다. 몸속의 중금속을 체외로 배출하는 작용과 간의 피로를 풀어주는 작용도 한다.

① 오이 : 이뇨효과가 있고, 장과 위를 이롭게 하며 소갈을 그치게 한다. 또한 해열작용과 숙취해소, 몸속의 나트륨 배출에 효과적이다.

② 미나리 : 해독작용을 하며 간의 기능을 원활하게 하고 고혈압, 고지혈 등 혈관질환에 작용하며 숙취해소에도 효능이 있다.

③ 쑥갓 : 고혈압으로 생길 수 있는 어지럼증, 신장 기능을 도와 소변을 잘 통하게 하고, 위장질환, 변비예방에도 효능이 있다.

④ 유채 : 혈독으로 인한 종기를 낫게 하며 지혈작용을 한다.

⑤ 시금치 : 혈압을 낮추고 빈혈에 효과적이며 뼈를 강하게 하고 숙취에도 도움을 주고 보혈작용을 한다.

⑥ 부추 : 양기초라 불리며 기력을 회복하거나 설사를 멈추게 하고 피로회복, 감기예방 등에 효과적이다.

⑦ 브로콜리 :식이섬유가 풍부하고 비타민, 무기질이 많아 변비, 심혈관질환, 항암효과가 있고 만성 폐질환에도 효능이 있다.

5) 검은색

신장의 정기를 보호하며 노화방지에 효과적이고 생식능력을 활발하게 하는 작용을 한다. 눈의 피로를 풀어 시력을 보호하고 탈모예방에도 효과적이다.

① 검정콩 : 신장이 약하여 허리가 아프고 귀울림 증상에 도움을 주며, 땀을 많이 흘려 기력이 없을 때 산후풍이나 부종에 효과가 있으며 피부를 윤택하게 한다.

② 검은 쌀 : 간과 신장을 보호하며 노화를 방지하고 심혈관질환과 당뇨에 효과적이고 머리가 빨리 하얗게 되는 것을 예방해 준다.

③ 검은깨 : 간과 신장을 윤택하게 해주고 피부를 보호하며 기미, 주근깨의 예방과 눈을 밝게 하는데 효능이 있다.

④ 오골계 : 산후 체력보강에 도움을 주고 기혈보충, 영양불량, 허약체질에 도움을 주고 생리불순, 요통에도 효과가 있다.

⑤ 목이버섯 : 성질이 차고 평하여 독이 없고 차나, 음식으로 먹으면 장 건강에 좋고 빈혈 예방, 골다공증 예방에도 도움이 되며 식이섬유가 매우 풍부하여 장기능 강화와 변비 예방에도 효능이 있다.

2. 오미(五味)

식품을 입 안에서 느끼는 맛을 다섯 가지로 구분하여 매운맛, 단맛, 쓴맛, 신맛, 짠맛을 오미라 한다. 각 식품의 맛은 오장에 영향력을 주며, 오미를 골고루 먹게 되면 장기를 튼튼히 하고 보호하는데 도움을 주며 장부 음양에 균형을 이뤄 건강을 유지하고 질병예방과 치료에도 관여한다.

오미에서는 매운맛은 기(氣)로 가서 작용하므로 기(氣)병에는 매운 음식을 삼가고, 짠맛은 혈(血)로 통하니 혈(血)에의 한 질병에는 짠 음식을 피하는 것이 좋고, 쓴맛은 뼈로 작용하므로 쓴맛이 강한 음식은 뼈 건강에 해롭고, 단맛은 살로 가서 몸에 과하게 작용하니 단것을 주의하고, 신맛은 간으로 작용하여 간이 약한 사람은 신것을 절제해야 한다고 한다. 각각의 맛은 몸에 이로운 작용을 돕는 기능이 있다.

1) 매운맛

매운맛은 발산 및 건위 작용을 한다. 주로 표증이나 기혈 순환을 돕고, 풍한 습사에 사용하면 효능이 있고 위장운동을 활발하게 하여 소화 분비액을 촉진시키며 혈액순환과 소화효소를 활발하게 하는 작용을 한다. 매운맛의 식품은 생강, 파, 향채, 무, 양파, 겨자, 고추, 부추, 마늘, 후추, 진피, 회향 등이 있다.

2) 짠맛

짠맛은 장기 중 신장과 방광에 기여하여 수(水) 기운과 부합되어, 오장육부가 균형을 이루는데 도움을 준다. 대표식품으로는 해산물류, 콩, 밤, 마, 수박, 돼지고기 등이 짠맛에 관여한다.

3) 쓴맛

쓴맛은 청열, 조습, 건위작용을 한다. 몸에 열이 있는 체질이나 습성체질인 사람에게 도움을 주며, 쓴맛의 식품은 마음에 작용하여 심(心)을 보양한다. 몸의 열을 없애고 습기를 제거하는 작용이나 강하작용을 하여 몸을 가뿐하게 한다. 그러나 과식하면 양기를 잃게 된다. 대표식품으로는 케일, 씀바귀, 취나물, 민들레, 녹차, 쑥, 구기자잎, 칡, 도라지, 더덕 등이 있다.

4) 단맛

단맛은 오장을 모두 보하여 자양, 보비, 윤조에 작용하며, 기혈보충을 하여 허약한 체질에 작용하여 기운을 돋우며 살이 오르게 해준다. 그러나 심혈관질환이나 동맥경화, 비만, 당뇨에는 조절하여 음식을 섭취해야 한다. 대표식품으로는 기장, 쌀, 대추, 소고기, 시금치, 산약, 채소류, 생선류, 고기류, 과일류가 여기에 속하며 우리의 일상식에 주로 가장 많이 먹게 되는 식품들이다.

5) 신맛

신맛은 식욕을 증진시키고 간의 기능과 쓸개 기능을 높이며 칼슘과 인의 흡수력을 높여주고, 비타민과 무기질은 눈의 기능을 좋게 한다. 신맛을 가진 식품은 간에 작용하여 간을 보양한다. 지나치게 나가는 것을 억제하여 근육을 수축하는 작용이 있어 소염, 잘 때 땀을 흘리는 증세, 만성설사, 빈뇨 등에 효과적이다. 그러나 이들 식품을 과식하면 그 수축작용으로 인하여 몸 안의 발산을 방해하고 위의 기능을 나쁘게 하므로 과하지 않도록 한다. 대표식품으로는 식초, 매실, 오미자, 사과, 귤, 석류, 산사, 레몬, 포도, 살구 등 유기산이 많은 과일류가 많다.

3. 한국의 발효식품과 식생활의 역사

우리 조상들은 오래 전부터 자연환경에 알맞은 전통 발효식품을 만들어왔으며, 우리의 식생활에 중요한 몫을 차지하고 있다. 이러한 발효식품은 병원성 미생물과 유독물질을 생성하는 생물체의 발육을 억제하고, 병원성 유해 생물의 오염을 막아 음식의 맛과 향을 증진시킬 수 있다. 발효된 식품은 미생물의 효소 활성화에 의해 원료보다 더 바람직한 식품으로 전환된 것이며 영양 가치와 저장성이 원료보다 더 개선된 것으로, 전통적인 제조방법은 복잡하지 않고 비싼 기구가 요구되지도 않는다.

우리나라는 일찍부터 농경을 시작하여 곡물음식이 발달하였다. 또한 높은 저장기술로 각종 곡류나 두류, 채소류, 어패류를 이용한 저장 발효음식이 많이 나왔으며, 양조기술이 발달하여 이미 술은 통일신라시대 이전에 완성단계에 접어들었다. 이는 농작물의 재배로 농경의례, 고사행위, 토속신앙을 배경으로 한 각종 행제, 무속행위, 부락제 같은 의식에 술의 저장을 위해 염장했던 데서 김치류가 생겨났고, 또한 삼면이 바다인 자연적인 지형으로 염장생선, 발효된 젓갈류 등이 발달하게 되었다.

이와 같은 염장기술과 양조기술의 조기정착으로, 또한 이들의 유합기술에 의해 장류, 김치류, 젓갈류, 식초류, 주류 등의 저장 발효식품 문화권이 정립되었다. 초기 우리 조상들은 유목계로 가축을 많이 사육하면서 단백질을 주로 섭취하였다. 신석기 후기에는 중국의 농경문화가 유입되었고, 곡류를 주로 섭취하면서 대두재배를 통한 장류를 담그기 시작했다.

장류는 삼국시대에 이르러 기본식품이 되었는데, 삼국시대의『해동역사』에 발해의 명물로 책성의 시를 들고 있다. "콩 찐 것에 소금을 혼합하여 어두운 곳에서 발효시킨 청국장, 된장의 원료가 되는 짠맛의 메줏덩이를 말한다." 이 기록으로 보아 고구려 사람들이 3세기경 콩으로 장류를 만들었으며, 이것이 중국으로 건너갔다가 통일신라시대인 8세기경에는 일본으로 건너간 것으로 추정된다. 삼국시대에는 젓갈류와 술을 만들었고, 주식과 부식이 분리되었다고 전해진다. 또한 무, 가지 등을 소금에 절여서 먹는 일종의 김치를 제조했음을 짐작할 수 있다. 그리고 통일신라시대의 초기에 혼용장, 간장과 된장이 따로 분리된 단용장이 만들어졌는데, 신라 선덕여왕 19년에는 속리산 법주사에 돌로 김칫독이 설치되어 오늘날까지 보존되고 있다.

고려시대에는 불교 융성과 사찰음식의 발달로, 식물성 식품의 섭취가 증가되어 채소를 이용한 나물, 부각, 튀김, 장아찌 등의 음식이 보편화되었다. 이규보가 고려 중엽에 지은 『동국이상국집』에는 장아찌에 대해 "무청을 장 속에 박아 넣어 여름철에 먹고, 소금에 절여 겨울에 대비한다."는 기록이 있다.

조선 시대 중엽에는 남방에서 고추가 유입되어 새로운 김치문화가 형성되었는데, 『지봉유설』에서 "고추가 일본에서 건너온 것이니, 요즘 이것을 간혹 재배하고 있다."라는 기록으로 보아 일본에서 들어온 것으로 보인다. 붉은 색깔의 고추를 넣고 여기에 채소와 젓갈을 결합시켜 김치를 만들었으니, 우리 조상이 개발한 콩으로 만든 장과 더불어 김치는 우리의 대표적인 음식이 되었다.

제8장
한국전통요리

기타(한국음식의 약이 되는 식재료)

1. 약이 되는 식물

음식은 생명을 이어가는 근본이다. 인체 내에서 음양이 운행되고 오행이 서로 밀면서 돌아가는 것이 모두 음식으로 인하여 이루어진다. 음식이 음식으로서의 역할을 다하고 나면 체내에서 기(氣)가 충만해진다. 그리고 이 기(氣)는 혈(血)이 왕성하도록 하며 혈기(血氣)가 왕성하면 근력(筋力)이 강해진다. 혈기가 왕성하고 근력이 강하여 인체가 튼튼해지면, 몸에 해로운 기(氣)의 침습을 물리칠 수 있으므로 질병을 예방할 수 있다. 또한 음식을 제대로 적절하게 사용하면 이미 침습한 나쁜 기(氣)도 이겨낼 수 있는 힘을 기를 수 있다.

음식이라고 하면 누구나 다 먹는 것을 말한다. 약선식료(藥膳食療)라 함은 음식으로 약이 되어 치료되게 사용하는 방법을 말한다. 약선식료학(藥膳食療學)은 이 방법을 연구하는 학문이며 기초이론을 바탕으로 하여 식품의 특성을 구분하고 동양의학적인 처방의 원리에 맞도록 요리하여 건강치 못한 사람들의 여러 유형에 따라 체질에 맞는 음식을 제공함으로써 질병의 예방과 건강을 지키면서 장수에 그 목적을 두는 일종의 임상응용 식사요법이다. 그러므로 약선식료(음식으로 치료)를 제대로 실행에 옮기기 위해서는 알아야 할 지식이 너무나 많다.

실제로 응용하는 가장 근본적인 방법과 약선(약이 되는 음식) 식품을 선택하는 방법을 익히고 약선이 어떤 방법으로 응용되어왔는지 분류하고, 우리 밥상에서 가장 가까이에서 접하고 있는 여러 곡물, 동·식물, 산야초(야생초)들이 가지고 있는 특성과 성질을 살펴 밥상이 약상이 되게끔 차려낼 수 있는 야생초의 조리법과 활용할 수 있는 밥상의 주치의 역할에 대해 알아보고자 한다.

우리 주변에 있는 식물 하나하나, 산이나 들에 지천으로 보이는 풀꽃, 열매, 뿌리, 잎까지 모두 약이 될 수 있다는 지혜를 알려주고, 세상에서 이러한 산과 들에 있는 흔한 식물(약초)로 고칠 수 없는 질병은 존재하지 않는다는 것과, 병이 있으면 그 치료법은 반드시 있음을 단계별로 익혀가며 질병을 치료·예방할 수 있는 방법과 요리법을 상세히 전달하고자 한다.

(1) 감초(甘草)

달고 평(平)하나, 모든 약물들을 조화시키고 해독한다. 영양작용과 방위작용을 하는 기가 허약한 사람, 음식을 잘 받아들이지 못하는 사람, 심기(心器)가 부족한 사람, 배가 꾸르륵 소리가 나면서 설사하는 사람, 가슴이 답답하면서 잠을 못자는 사람 등에 활용한다.

(2) 개고기

짜고 시면서 따듯하며 양기를 돕는다. 배가 더부룩한 사람, 부종, 허리와 무릎이 시큰하고 연약한 증상 등을 치료하며, 또한 상처가 오래 아물지 않는 것을 치료한다. 열병 후에는 복용하지 못하며, 내열이 있거나 담과 화가 많은 사람은 먹지 말아야 한다.

『본초봉원』에서는, 개고기는 하초의 원기가 허약한 사람들이 먹으면 좋으나, 먹은 후에는 꼭 입이 마른다. 이때 미음을 해서 먹으면 곧 해소된다고 했다. 그리고 개고기를 먹어 소화불량을 일으키면 살구씨를 복용한다. 『본초강목』에서는, 개고기는 성질이 따듯하여 비위가 허약하고 냉하여 생기는 질병을 치료하며 비위를 따듯하게 하고 허리도 보호받는다고 했다. 평소에 기가 튼튼하고 화(火)가 많은 사람이면 개고기를 먹지 않는 것이 좋다. 살구씨와 서로 꺼리는 관계인 점을 이용하여 개고기를 먹고 나서 체하지 말라는 뜻에서 살구씨를 소량씩 복용하는데, 실제로 체하지 않는 경우에는 먹을 필요가 없다. 마늘과 개고기를 함께 먹으면 사람을 손상시킨다고 하였다. 마름의 열매인 능(菱)과 개고기를 함께 먹으면 정신병이 발생할 수 있고, 개고기를 불에 구워 먹으면 소갈이 든다. 열병이 다 낫지 않았을 때 개고기를 먹으면 생명이 위험하다. 음력 9월에 개고기를 먹으면 신(神)을 상한다고 하였다.

(3) 검정콩(흑대두)

맛은 달고 평(平)하다. 혈액순환을 좋게 하고 소변이 잘 나오게 하며 풍(風)을 제거하고 해독하는 효능이 있다. 비허(備虛)로 몸이 붓거나 각기로 붓는 경우에 복용한다.

『본초회언』에서는, 흑대두 삶은 물을 마시면 신장을 윤활하게 할 수 있고 노인들이 쇠약해져서 귀가 잘 안 들릴 때나 야간에 자신도 모르게 소변을 보는 경우 복용하면 치료된다고 하였다. 임신 중에 허리가 아프거나 허리와 무릎이 시큰하고 힘이 없을 때 좋고, 산후풍에도 먹으면 좋다. 『본초강목』에서는, 피마자를 복용한 사람이 콩을 볶아먹으면 배가 불러오는 병이 생긴다고 했다. 『수식거음식보』에서는, 특히 피마자를 먹고 검정콩을 먹으면 반드시 죽는다고 하였다. 어린이(소아)가 검정콩 볶은 것과 돼지고기를 같이 먹으면 반드시 기가 통하지 못하게 되어 십중팔구 위험한 처지가 된다. 그러나 10세 이상이 되면 괜찮다고 했다. 『본초강목』의 저자인 이시진은, 흑대두를 반드시 감초(甘草)와 함께 써야 해독작용을 가진다고 했다.

⑷ 게

성질은 짜고 차다. 간경(肝經)과 위경(胃經)에 들어간다. 게다리의 골수와 뇌나 다리의 황색 부분은 잘린 근육과 부러진 뼈를 빨리 붙게 하는 효능이 있으며 이것을 부수어 약간 졸인 다음 환부에 바르면 상처가 아문다. 입이 삐뚤어지는 증상과 안면부종을 치료하며 시력을 좋게 하고 술을 깨게 하며 주로 열을 내리고 근맥을 조절한다. 식초로 피부병을 치료하며 근육의 발달을 돕고 원기를 회복하게 한다. 술과 함께 게를 복용하면 산후에 복통과 풀리지 않는 어혈을 치료할 수 있다. 짠맛이 나게 간을 한 게의 즙은 인후염을 치료하며, 입에 물로 조금씩 삼키면 부은 것이 가라앉는다.

『본초봉원』에서는, 인대가 끊어진 것을 잇기 위해서는 게의 등딱지를 떼고 속의 황색 부분을 쓰는데, 짓찧어서 조금 볶아 환부의 상처에 넣으면 인대가 이어진다. 게를 감과 같이 먹으면 설사를 하게 되고 뱃속에 덩어리가 생긴다고 하였다. 특히 임산부는 먹지 않아야 하며, 풍을 일으키는 작용이 강하기 때문에 풍병을 앓고 있는 사람은 먹지 않아야 한다.

⑸ 겨자

성질은 맵고 따듯하다. 담을 풀어주고 위를 따듯하게 하여 찬기운을 흩트린다. 땀이 안 나는 감기, 배가 더부룩하게 불러오는 체증 등을 치료한다. 눈, 코, 입 등 아홉 구멍을 잘 통하게 하며 눈과 귀를 밝게 한다. 그리고 기침과 기운이 치미는 것도 멎게 한다. 기(氣)가 잘 통하게 하고 가래를 삭이며 식욕을 돋우고 찬기운을 제거하여 몸을 데워준다.

⑹ 고사리

성질은 달고 차다. 열을 삭히고 장을 미끄럽게 하며 기를 내리고 담을 없앤다. 오장의 기(氣)가 부족한 것을 보충하고 기(氣)가 경락과 근골 사이에 엉기어 있는 증상을 치료하며, 성질이 미끄러워서 소변을 잘 나오게 한다. 삶아서 먹으면 맛이 아주 좋은데, 오랫동안 먹어서는 안 된다. 또한 많이 먹으면 눈이 어두워지고 머리카락이 빠진다.

⑺ 곶감

맛과 성질은 달고 떫으면서 차다. 햇볕에 말린 것의 성질은 냉하고, 불에 그슬린 것은 뜨겁다. 토혈, 객혈, 소변출혈, 장출혈, 이질을 치료할 수 있으며, 기침을 다스리고 지혈을 한다.

(8) 귤

맛과 성질은 달고 시면서 서늘하다. 식욕을 돋게 하고 기(氣)가 잘 흐르도록 하며 갈증을 해소하고 폐를 적셔준다. 또한 식욕부진과 구역질을 치료하고 술을 깨게 한다. 귤 속을 많이 먹으면 담(痰)이 생기는데, 신 것은 담(痰)을 모이게 하고, 단 것은 폐를 녹여준다.

『본초구진(本初求眞)』에서는, 귤의 속과 껍질은 성질이 다르다고 했다. 껍질은 맵고 쓰지만 귤 속은 달고 시큼하다. 껍질은 담(痰)을 흩어지게 하고, 기(氣)가 잘 흐르도록 하는 효능이 있다. 귤의 속은 오히려 담음이 생기도록 조장하고, 기(氣)가 체하도록 하는 해로움도 준다. 『본초서적』에서는, 소갈증을 치료하고 식욕을 돋운다고 했지만, 이것은 속 열이 매우 심하고 위(胃)의 기(氣)가 냉하지 않은 경우를 말한다. 만일 체내가 허약하여 기침이 나는 경우에는, 많이 먹으면 가래가 생기고 기침이 더 심해지도록 하는 해로움이 있는데, 꿀로 달여서 먹으면 좋다. 이 귤의 껍질은 맵고 쓰면서 따듯하며 기가 잘 통하게 하고 담을 삭히며 습을 말린다. 가슴과 배가 불러오는 것, 음식에 대한 생각이 없는 사람, 구토, 딸꾹질, 기침과 가래를 치료하며 물고기 독과 게 독을 풀어주기도 한다. 그러나 마른기침을 하는 사람에게는 귤껍질이 마땅치가 않다. 출혈 환자에게도 신중하게 써야 하며, 약 기운이 하초(下焦)에 들어가게 하려면 소금물에 담갔다가 볕에 말려서 쓰면 된다. 『본초회언』에서는, 귤피는 한 마디로 기를 잘 통하게 하는 진귀한 약이다. 설사가 오래도록 낫지 않을 때, 배가 평평하게 불러오고 대소변을 보지 못하면서 손발이 서늘해지는 증상, 음식이 소화되지 않고 정체하여 열이 나며 걸쭉한 가래를 뱉을 때 등은 모두 귤피로 다스릴 수 있다고 하였다.

(9) 구기자

신장 기능을 북돋우고 폐를 적셔주며 간을 보호하고 눈을 밝게 한다. 허리와 무릎이 시큰시큰 쑤시는 증상, 어지럼증, 눈앞이 아찔한 증상, 눈이 침침하고 눈물이 많이 흘러나오는 증상, 폐결핵으로 인한 잦은 기침, 소갈증, 정액이 저절로 흘러나오는 증상을 치료한다.

(10) 기장쌀

설사와 이질, 답답증, 구토, 위통을 치료한다. 오랫동안 먹으면 열이 많이 나고 답답증이 생긴다. 돌이 약간 있기 때문에 오랫동안 먹지 말아야 하며, 오장의 기능을 장애하기 때문에 잠이 많게 한다. 폐와 관련된 곡식이므로 폐병에 먹으면 좋다.

(11) 꿩고기

달고 시며 따듯하다. 심경, 비경, 위경에 들어가며, 중초(中焦)를 덮여주고 중기(中氣)를 보양한다. 소갈증으로 소변이 잦은 증세를 치료하며 설사를 멈추게 하고 치루를 치료한다. 이 치루는 항문의 직장 주위에 누공이 생긴 병증이다. 또한 걷기가 불편한 증상을 치료하고 간기(肝氣)를 도우며 눈을 밝게 한다.

『음선정요』에 보면, 오미자(五味子)를 넣고 일상적인 방법으로 국을 끓여 먹으면 소갈에 의해 입이 마르고 소변이 잦은 증상을 치료한다고 하였다. 『동의보감』에 의하면, 꿩고기는 위장이 허약하여 설사하는 것을 치료하는 효과가 있고, 야생을 하므로 식품으로 하기에 귀한 것이기는 하지만, 약간의 독성이 있으므로 장기간 지속하여 복용하면 안 된다고 하였다. 『의학입문』에서는, 꿩고기를 호두, 목이버섯, 메밀, 파, 혹은 메주콩과 함께 먹으면 뇌와 심장에 나쁜 영향을 줄 수 있다고 하였다. 또한 근래에 중국에서 출판된 약선서적에서는 붕어, 돼지간, 그리고 메기를 꿩고기와 함께 먹으면 안 된다고 하였다.

이처럼 꿩고기는 제약조건이 많다. 따라서 꿩고기를 무분별하게 먹어서는 안 되지만, 배합의 원칙을 지켜서 약선으로 응용할 때는 대단한 약효를 얻을 수 있다.

2. 주변의 약초들

1) 지천에 널린 약초

주변에서 쉽게 구입할 수 있는 약초 중에 질병에 뛰어난 치료 효과를 지닌 것들이 많다. 이를테면, 감기가 심해져서 숨이 차고 열이 심하게 나며 기침이 나고 가래에 피가 섞여 나오면서 폐렴증상이 나타날 때는 갈대뿌리를 달여서 먹으면 열도 내리고, 기침도 멎고, 가슴이 답답하고 숨이 차는 증상도 없어진다. 또 어린이가 설사를 할 때는 이질풀을 달여서 뜨겁게 하여 먹이고, 이질풀을 진하게 달인 물에 아랫도리를 담가 땀을 나게 하면 낫는다.

우리나라는 온 산천이 약초밭이라고 해도 좋을 만큼 훌륭한 약초들이 널려있다. 개울가, 낮은 산, 길 옆, 마당, 들판, 마당 구석에도 좋은 약초들이 있다. 예를 들면, 쇠비름, 비름, 민들레, 질경이, 별꽃, 달개비꽃, 쇠별꽃, 냉이, 쑥부장이, 쑥, 쇠무릎, 환삼덩굴과 같은 보통 우리들이 생각하는 풀이라고 하는 잡초들과, 마당에서 피는 맨드라미, 국화, 봉숭아, 도라지, 나팔꽃, 바위취, 코스모스 같은 꽃식물도 매우 훌륭한 약초들이다.

산과 들에 지천으로 널려 있는 가장 흔하게 볼 수 있는 풀이, 사람들이 가장 흔하게 앓고 있는 질병을 치료·예방할 수 있는 대단한 약초이며 죽어가는 사람을 살릴 수 있는 약임을 알아야 한다.

우리 주변에 흔한 식물은 많이 먹어도 되기 때문에 흔하게 분포되어 있는 것이다. 흔치 않은 귀한 식물(약초)은 많이 먹으면 안 되기 때문에 귀한 것이다.

(1) 야생하수오

흰머리를 검게 하는 특효약으로, 야생하수오 한 근을 잘게 썰어 토종꿀 속에 백일쯤 담가두었다가 한 번에 양껏 먹는다. 이렇게 먹고 나면 대개 명현현상으로 취해 쓰러져 자게 되는데, 이틀이나 사흘 동안 자는 사람도 있다. 깨어나면 몸도 가벼워지고 힘이 솟으며 오래 지나지 않아 머리카락이 까맣게 자라면서 나온다. 그리고 야생하수오 말린 것을 구해 잘게 썰어 쥐눈이콩 삶은 물에 하룻밤 담갔다가 꺼내어 떡 찌듯이 푹 찐다. 이것을 그늘에 말려 좋은 청주에 하룻밤 담갔다가 다시 쪄서 말린다. 이 같은 방법을 아홉 번 반복하면 하수오가 마치 불투명한 유리처럼 된다. 이것을 가루 내어 하루 세 번 빈속에 한 숟가락씩 더운 물로 먹는다. 노화방지, 정력감퇴, 빈혈, 만성변비, 성기능 쇠약, 흰머리를 검게 하며 머리카락이 빠지지 않게 하고, 체력을 튼튼하게 하는데 효험이 있다.

하수오와 생지황으로 담근 술도 건강하게 하는 약술로 유명하다. 하수오를 먹는 동안 파, 무, 마늘은 먹지 말아야 한다. 하수오는 건강식품이나 의약품으로 개발할 가치가 매우 높은 약초인데, 혈압을 내리고 동맥경화를 예방하기도 한다.

(2) 인삼, 구기자, 하수오는 3대 명약

지구상에는 수십 만종의 식물이 있다. 이 식물들 중 어느 것 하나 약초가 아닌 것이 없다. 어느 지역에 흔한 풀이 있다면 그 풀은 그 지역 풍토에 대해 적응력과 저항력이 가장 강할 뿐만 아니라, 그 지역 생태계 유지에도 필수조건을 갖춘 식물이기 때문에 그곳에 오랫동안 상주하며 뿌리를 내려 그곳에서 사는 사람에게도 유익한 약초가 된다. 이렇게 사람에게 가장 좋은 약은 깊은 산 깊은 계곡에서 자라는 희귀하고 값비싼 것이 아니다. 사람들 가까이에서 더불어 자생하는 흔한 풀과 나뭇잎, 야생뿌리, 야생열매로 그 중에서도 생명력이 뛰어난 것이 최고의 약초이다.

우리 주변에 있는 야생초들 중 생명력이 강한 풀로는 쑥, 민들레, 질경이, 토끼풀, 칡, 망초, 냉이, 고추냉이, 쇠뜨기, 쇠비름, 제비꽃, 꿀풀, 닭의장품 등등이 있다. 특히 쑥은 우리 민족에게 없어서는 안 될 생명초와도 같은 풀이다. 흉년이 들면 구황식품이 되고, 역병이 돌면 예방, 치료, 해독제 역할을 다한다. 강인하고 무성하게 잘 자란다 하여 '쑥'이라 이름 붙여진 이 식물은 생명력이 얼마나 강한지 크는 분포도를 보면 짐작할 수 있다. 민들레 역시 생명력에 있어서는 결코 쑥에 뒤지지 않는 풀이다. 또 하수오는 신장 기능을 튼튼하게 하여 정력을 높이고 머리카락을 검게 하여 병 없이 오래 살게 하는 약초로 이름이 높다. 조혈작용이 뛰어나 빈혈치료에도 좋고 여성의 생리불순, 자궁염, 만

늘에 말려 차로 끓여 먹으면 부종을 내린다. 또한 술을 먹고 난 뒤 두통이나 구토가 심할 때 오이차 몇 잔이면 해결된다.

(3) '질경이'의 약효

질경이는 생명력이 강하고 민간요법에서 만병통치약으로 활용할 수 있는 범위와 약효가 뛰어나다. 심한 가뭄과 뜨거운 태양볕에도 죽지 않으며 사람의 발에 짓밟혀도 오히려 강인하게 살아난다. 원줄기는 없고 많은 잎이 뿌리에서 나와 옆으로 넓게 퍼진다.

질경이의 씨를 불리면 끈끈한 액이 나오는데 예부터 신장염, 방광염, 요도염 등에 약으로 쓰여 왔다. 이뇨작용과 완화작용, 진해작용, 해독작용이 뛰어나서 소변이 잘나오지 않거나 변비, 천식, 백일해 등에 효과가 매우 크고 관절통, 위장병, 부인병, 산후복통, 심장병, 신경쇠약, 두통, 뇌질환, 축농증과 같은 질병들을 치료 또는 예방할 수 있다. 급만성 세균성이질에 효과가 있으며, 피부진균을 억제하는 효능이 있어 피부궤양이나 상처에 붙이면 고름이 멎고 새살이 빨리 돋아난다. 그리고 씨앗은 간기능을 활발하게 하는 작용이 있어 황달에 효과가 있고 암세포가 진행되는 것을 억제한다.

질경이는 훌륭한 약초뿐만 아니라 무기질과 단백질, 비타민, 당분 등이 많이 들어 있는 나물이다. 봄철에는 나물로 먹어도 되고, 여름부터 가을까지는 소금물에 삶아서 말려 묵나물로 해서 먹기도 하고, 튀김으로 또는 잎을 생으로 쌈을 싸 먹을 수도 있고, 김치를 담그면 그 맛이 숙성되면서 약성이 생겨 갖가지 질병에 좋다.

(4) '당귀, 돌복숭아, 닭의장풀, 수세미, 싸리나무'의 약효

자연에서 나온 음식물의 힘을 통해 여러 가지 질병의 증세를 누그러뜨리고 치료한다는 의미에서 식사는 매우 중요한 일이다. 우리는 잘못된 식생활이 신체에 얼마나 큰 이상을 가져온다는 사실을 알아야 한다. 올바르게 생활하여 그 생활 속에서 신체이상을 극복할 수 있어야 한다.

그렇다면 올바른 생활이란 어떤 것인가? 생활요법의 근본정신은 자연순환계 원리에 맞게 살자는 신토불이의 정신에 기초한다. 즉 우리 풍토와 우리 체질에 맞는 우리식 식생활을 하는 것이다. 우리 민족은 곡식과 채식의 민족이다. 그러므로 우리의 건강을 지키기 위해서는 육식, 가공식 위주의 식생활에서 벗어나 우리식 식생활인 채식생활을 해야 한다.

다음은 밥상의 재로로 요리에 쓰이는 야생초와 흔히 사용되는 식물의 성질에 대해 살펴본다.

① 당귀

당귀는 달고 맵고 따듯하다. 보혈(寶血)하면서 혈액이 한쪽으로 몰리지 않도록 고르게 하고 생리통을 없애주며 건조한 장을 윤활하게 한다. 생리불순이거나 생리하면서 배가 아픈 것, 여성의 비정기적인 하혈로 인한 두통, 뱃속에 덩어리가 잡힌다거나 장이 건조하여 대변이 잘 나오지 않는 것, 어지럽고 가슴이 뛰면서 불안한 것, 피부가려움증 등을 치료한다. 그러나 대변이 무르고 설사기가 있는 사람은 신중하게 복용해야 한다.

『의학계원(醫學棨源)』에 따르면, 당귀는 세 가지 작용이 있다고 한다. 첫째는, 심경(心經)에 본 약이 잘 듣는 작용이 있고, 둘째는, 병으로 혈액이 적어졌거나 몰린 것을 고르게 하는 것이며, 셋째는, 여러 질환이 특히 밤에 심해지는 것을 치료한다.

② 돌복숭아

야생돌복숭아 나무의 어린 가지에 달린 잎은 비염과 축농증의 치료에 효능이 좋다. 또한 부종, 복수가 많이 찼을 때, 임파선 간경화증과 같은 여러 질병에도 효과가 대단히 크다. 여름철 복숭아나무의 끈적끈적한 진을 받아서 뜨거운 물에 풀어 마시면 기력회복에 좋고 살결 또한 좋아진다.

『향약집성방』과 『동의보감』에서도 다루었는데, 복숭아씨는 어혈과 혈액순환이 되지 않아 막힌 것을 치료하고 나쁜 기운을 없애며 몸 안에 있는 벌레를 죽인다고 하였다. 또한 기가 위로 오르는 것을 막아주고 기침을 멎게 하고 명치 밑이 단단한 것을 삭이며 어혈을 풀어주고, 월경을 통하게 하며 꽃은 악한 귀신을 내쫓고 살결을 곱게 한다. 소변과 대변을 잘나오게 하고 부기를 내리며 결석을 삭이고 뱃속의 벌레를 없애며 얼굴의 혈색을 곱게 한다. 그리고 복숭아나무 진의 맛은 쓰고 성질은 따듯하다. 뱃속에 있는 덩어리를 삭이고 오래 먹으면 배가 고프지도 않고 추위와 더위를 타지 않는다고 하였다.

③ 닭의장풀(달개비풀)

달개비풀은 비염이나 축농증 치료에도 좋다. 여름철에 꽃이 피는데, 꽃의 색깔은 파란 잉크빛으로 달개비풀이 당뇨병에 특효약이라 알려져 많은 사람들이 찾는다. 그러나 열병과 염증 등에 탁월한 효과는 있으나, 성질이 몹시 차기 때문에 많이 먹거나 장기간 복용해서는 안 된다. 평소 열병으로 앓는 환자나 소양인 체질이면서 당뇨병이 있는 사람들에게는 아주 좋은 약이 될 수 있다.

④ 수세미

수세미는 비염과 축농증에 좋은 효과가 있다. 처음에는 콧물이 많아지면서 약간의 어지럼증을 느끼는 사람도 있지만, 곧 그 증세는 없어진다. 수세미는 말려서 가루를 내어 먹어도 되는데, 꾸준히 먹으면 그 증상이 호전된다.

⑤ 싸리나무

싸리나무 줄기나 껍질은 신장염이나 신부전증 등에 효과가 있다. 싸리나무씨와 뿌리껍질을 늘 먹으면 뼈가 쇠처럼 단단해져 골다공증이나 관절염에 잘 걸리지 않으며 떨어지거나 심하게 부딪혀도 뼈를 다치지 않는다. 싸리나무 잎에는 알칼로이드 풀과 보노이드, 아스코르빈산이 들어있고, 껍질에는 탄닌이 들어있으며 껍질과 줄기, 잎에는 사포닌이 들어있다. 그리고 뿌리껍질에는 여러 종류의 알칼로이드가 들어있다. 플라보노이드와 레스페인 성분은 피와 간의 콜레스테롤 양을 낮추고 소변을 잘 보게 하며 몸속의 노폐물을 몸 밖으로 배출하는 작용을 한다.

싸리의 종류는 매우 많다. 참싸리, 물싸리, 조록싸리, 잡싸리, 괭이싸리, 꽃참싸리, 왕좀싸리, 좀싸리, 풀싸리, 해변싸리, 고양싸리, 지리산 싸리 등 가짓수가 대단히 많고, 이 모든 싸리들은 약으로 쓸 수가 있다. 또한 살결을 곱게 하고 주근깨나 기미 등을 없애기도 한다. 싸리나무의 꽃은 땀을 잘 나게 하기 때문에 피부 속에 깊이 있는 갖가지 노폐물을 몸 밖으로 배출한다.

⑸ 수은중독과 중금속, 공해로 인한 독의 해결사인 '청미래 덩굴(망개나무)'

중국이나 우리나라는 흉년이 들었을 때 구황식품으로 식량을 대신했다. 녹말이 많이 들어 있어서 대신 먹을 수 있었는데, 신선이 먹다가 남겨놓은 음식이라 하여 '선유량'이라고도 하고, 또 넉넉한 요깃거리가 된다하여 '우여량'이라 부르기도 한다.

굵고 딱딱한 뿌리를 가을철이나 이른 봄철에 캐어 잔뿌리를 다듬어 잘게 썰어 그늘에 말려 약으로 쓴다. 덩굴뿌리는 물에 담가 쓴맛을 뺀 다음 쌀이나 다른 곡식에 섞어 밥을 지어먹거나 떡을 만들어 먹었다. 오래 먹으면 떫은맛 때문에 변비가 될 수도 있지만, 쌀뜨물과 같이 먹으면 괜찮다.

⑹ 알레르기, 각종 염증에는 '작두콩'

작두콩은 콩 중에서 가장 큰 콩이며, 약효도 가장 높고 재배하기가 쉽지 않다. 작두콩은 보통 콩보다 매우 크며, 꼬투리는 바나나보다 더 크고 넝쿨이 칡넝쿨처럼 길게 뻗으며 잎도 칡만큼이나 커서 누구든지 보기만 해도 놀랄 만큼 신기하게 여기는 콩이다. 작두콩은 기(氣)를 밑으로 끌어내리고 장의 기능을 튼튼하게 하여 변비를 없애고 오줌을 잘 나게 한다. 그리고 비염, 축농증, 치질, 치루 등 갖가지 종기 등 화농성 질병에 효과가 좋으며, 특히 작두콩으로 담근 간장이나 된장, 고추장 같은 발효식품은 갖가지 암, 궤양, 염증, 치질, 심장병, 신장염, 간장염 등 난치병에 탁월하다. 『동의학사전』에도, 맛은 달고 성질은 따듯하며 위경, 대장경에 작용하고 기를 내리며 신장의 기운을 보한다고 하였다.

⑺ 살과 부기를 빼며 온갖 부인병에 좋은 '지치'

민간에서 오래 묵은 지치는 산삼에 못지않은 신비로운 약효를 지닌 것으로 인식되어 왔다. 야생 지치는 몇 백 년 묵은 것도 간혹 발견되지만, 사람이 재배하는 것은 2년을 넘기지 못하고 뿌리가 썩어버린다. 지치는 약성이 차서 열을 내리고 독을 풀어주며, 특히 염증을 없애고 새 살을 돋아나게 하는 작용이 뛰어나다. 갖가지 암, 변비, 간장병, 동맥경화증, 여성의 냉증, 대하, 생리불순 등에도 효과가 있으며, 오래 복용하면 얼굴빛이 좋아지고 살결이 고와지며 나이가 들어도 잘 늙지 않으며 비만증을 치료하는 데도 탁월하다.

『향약집성방』에는, 지치는 사람들이나 절간의 스님들이 비밀리에 한골탈태하는 선약을 만드는데 쓴다고 하였는데, 오래도록 복용하면 한겨울에도 추위를 타지 않고 몸이 따듯해지며 넘어져 다치거나 심하게 부딪혀도 어혈이 생기지 않는다. 그리고 혈액순환을 좋게 하고 심장을 튼튼하게 하므로 고혈압이나 동맥경화, 심장병에 매우 좋은 효과가 있다. 타박상, 어혈, 신경통에도 특효가 있다.

⑻ 머리를 맑게 하고 열을 내려주는 '칡차'와 '배'

칡은 '갈근'이라 하여 땀을 내어 열을 내려주고 갈증을 풀어주는 작용이 있어 머리가 아프고 눈이 침침하며 뒷목이 뻐근하여 머리가 맑지 않고 무거운데 좋고, 술을 많이 먹는 사람에게는 술독도 풀어준다. 배는 성질이 차면서 맛이 달고 시며, 열을 내려주고 가슴이 답답함을 없애준다. 그리고 감기의 열을 풀어주고 폐의 열을 내리며 가래를 삭혀준다. 따라서 뒷목이 뻐근하거나 눈이 침침하고 건조하거나 머리가 아프고 열이 많이 올라서 얼굴이 붉을 경우, 칡차와 궁합이 잘 맞는 배를 함께 먹으면 머리를 맑게 해주고 기억력과 정신집중력을 높여준다.

⑼ 소화기능이 약하고 몸이 찬 사람의 숙취에 좋은 '북어국'

술에서 빨리 깨어나게 하는 해장음식에는 여러 종류가 있다. 주로 열을 내려주거나 소변을 잘나오게 하여 열을 빼어 줌으로써 숙취에서 깨어나게 하는 것이 많다. 그러다보니 소화기능이 약하거나 몸이 찬 경우에는 숙취가 잘 안 풀리는데, 이때 북어는 기의 순환을 도와주고 숙취에서 빨리 깨어나게 한다. 성질이 따듯하면서 짠맛이 있고, 열을 가하면 쉽게 풀어지는 특성이 있다. 술안주와 숙취에 명태를 많이 쓰이는데 간을 보호해 주는 성질이 있으며, 소변도 시원하게 나오게 하고 소화흡수가 잘되는 특성이 있다.

⑽ 술 깨는데 좋은 '칡', '콩나물국'

칡은 열을 내리고 목의 긴장을 풀어주며, 감기 기운이 있을 때 오한이 나며 뒷목, 어깨, 머리가 아프고 뻐근한 경우에 좋다. 그리고 콩나물은 맛이 달며 1.5~2cm 정도의 싹이 난 것을 이용한다. 이 콩나물에는 아스파라긴산이라는 성분이 있어 술 깨는데 효과가 있다는 사실은 많이 알려져 있다. 따라서 몸의 간 기능을 회복하는데 좋으며 비만한 사람에게 좋다.

(11) 몸에 좋은 '곰보배추', '시금치', '뽕나무'

곰보배추는, 우리나라 각지의 논밭이나 들에 자라는 잡초이다. 뿌리는 배추뿌리를 닮았으나 잔뿌리가 많으며, 겨울철에도 잎이 말라죽지 않고 로켓 모양으로 넓게 퍼져서 겨울을 나는데, 잎이 바닥에 붙어 퍼져 있는 모양이 배추를 닮았으나 배추보다 크기가 훨씬 작고, 잎이 주름진 모양이 곰보 모양이라 해서 곰보배추라고도 부른다. 곰보배추는 기침을 멎게 하고 가래를 삭이며 온갖 균을 죽이는 작용을 한다. 소변을 잘 나오게 하고 혈액을 맑게 하며 몸 안에 있는 독을 풀고 기생충을 죽이는 효능이 있다. 혈뇨, 피를 토하는데, 복수가 찬데, 소변이 뿌옇게 나오는데, 목구멍이 붓고 아픈데, 편도염, 치질, 여성의 냉증, 생리통, 자궁염, 자궁물혹, 자궁출혈, 염증질환 등 여러 가지 부인병에 만병통치라고 할 정도로 뛰어난 효력이 있다.

시금치는 비타민의 왕이다. 연구결과에 의하면 시금치는 귀중한 엽록소와 각종 비타민을 가장 많이 포함하고 있다. 그런데 잘못 알려진 상식 가운데 하나가 시금치를 생으로 먹으면 결석증에 걸린다고 하는데, 과학적으로 증명된 것이 아니다. 시금치의 중요한 성분인 비타민 C와 효소는 열에 지극히 약하다. 시금치의 약효를 제대로 보려면 생시금치로 먹는 것이 좋다. 또한 피부를 강하고 아름답게 해서 병균 침입을 막아주는 작용도 한다. 그리고 피를 깨끗하게 해서 모세혈관까지 잘 돌도록 해준다. 특히 신진대사를 왕성하게 한다. 즉 우리가 먹는 것을 소화시켜 피, 살, 뼈 기타 신체의 모든 부분에 유익하다.

뽕나무는, 뽕나무과에 속하는 뽕나무와 산뽕나무가 있다. 뽕나무 열매를 오디라 하며 달고 맛이 있다. 『동의학사전』에는 다음과 같이 설명하고 있다. 오디는 맛이 달고 성질은 차며 심경, 간경, 신경에 작용한다. 음혈을 보해주고 진액을 불려주며 소변이 잘 나오게 한다. 또한 대변을 무르게 하고 머리칼을 검어지게 한다. 뽕잎의 맛은 쓰고 달며 성질은 서늘하다. 풍열을 없애고 혈열을 내리며 출혈을 멈추고 눈병을 낫게 하며 고혈압 등에도 사용한다.

3) 자연의 신선함이 깃든 약상

(1) 야생인 '달맞이꽃'의 약효와 효능

우리는 아주 복잡한 사회구조와 깨끗하지 못한 환경 속에서 살아가고 있다. 비록 윤택한 생활을 누리는 것 같으면서도 환경의 지배와 부작용을 여러 가지로 겪지 않으면 안 되는 현실에 와 있다. 스트레스를 심하게 받을수록 단백질 등의 영양 소모가 많아지고, 대기오염에 의한 탁한 공기를 호흡하는 중에서도 인체에 각종 영양 소모가 증가하고 있다.

현대인들은 가공식품을 주로 먹다보니, 그 식품에 첨가된 화학물질을 몸속에서 해독시키기 위해 영양 소모를 재촉하기에 우리 몸의 영양소를 보충해 주지 않으면 안 된다. 오늘날 못 먹어서 오는 영양실조가 아닌 조화롭지 못한 식단으로 인해 오는 영양실조에 시달린다. 그러므로 자연에서 재배되고 야생하는 식물들을 이용함으로써 질병예방 효과와 치료에도 좋다. 이를 위해서는 대표적으로 비타민, 미네랄 등 각가지 영양소를 골고루 섭취할 수 있는 야생초인 달맞이꽃이 좋다.

옛날부터 달맞이꽃을 채취하여 입, 줄기, 꽃, 열매를 통째 갈아서 외상의 상처에 바르거나, 피부의 발진이나 종기가 나면 환부에 바르기도 하였다. 외용약으로서 뿐만이 아니고, 천식이나 폐결핵의 기침을 가라앉히기도 하고 진통제, 경련성, 발작을 진정시키기 위해서도 사용하였다.

『본초도감』에서는 달맞이꽃을 이렇게 기록하고 있다. '바늘꽃과의 식물이 월견초, 즉 야래향의 뿌리이다. 다년생의 초본으로 양지바른 산이나 황무지, 풀밭, 건조한 산비탈, 길가에 자란다. 여름과 가을에 뿌리를 채취하여 씻은 후 햇볕에 말린다. 효능은 청열해독 작용을 한다. 발열, 머리가 아프고 재치기가 나며 코가 매거나 콧물을 흘리고 추우며 열이 나는 것을 치료한다.'라고 하였다.

⑵ 병은 귀중한 삶의 깨우침을 주는 증상

흔히 우리가 말하는 '병'이라는 이름은 매우 귀중한 삶의 깨우침을 주고자 나타나는 증상으로 보아야 한다. 여기에 나타는 증상은 어려운 위기가 아닌 희망적인 찬스로 잡을 수 있는, 또 다른 대단한 삶의 시작으로 볼 수 있는 기쁨의 기회로 알고 이때부터 살아오면서 우리가 밥상의 습생이 어떠하였는지, 어떠한 목적과 일에 도달하려고 얼마나 바쁘게 앞만 보고 살아왔는지, 또 빈틈없는 삶을 위해 얼마나 이 몸을 혹사시켰는지, 내 성격이 얼마나 완벽하려 했고 급한 편이었는지, 주로 채식이었는지 아니면 육식이었는지, 내가 직접 근무하고 활동하는 일터는 내 건강과 어떠한 관계로 행해지고 있었는지, 또 어떤 물(끓인물 또는 생수)을 주로 마셨는지 등을 되돌아보며, 지난날의 삶의 흔적들이 이 몸을 어떻게 변화시켰나를 살펴 비뚤어진 생활습관을 바로 잡을 수 있는 기회를 통해 사람(자연)은 자연의 치유력, 몸의 끊임없는 재생력이 발동할 수 있도록 기회를 만들고 바꾸어야 한다.

인간의 삶의 조건은 첫 번째가 어떤 공기 속에서 사느냐, 두 번째가 어떤 물을 마시느냐, 세 번째가 먹는 음식, 네 번째가 본인이 가지고 있는 성격과 스트레스를 어떻게 관리하느냐가 문제이다.

4) 자연의 신선함이 깃든 식물

약이 되게 음식을 쓰기 위해서는 가장 필요하면서도 습득하기 어려운 것이 동양의학적인 인식이다. 왜냐하면 그동안 대부분의 사람들이 현대 과학적인 합리적 사고로 교육을 받아왔고 모든 생각이 그렇게 고정되어 있기 때문이다. 뜻을 전달하기 위해 말을 하지만, 그 말이 중요한 것이 아니고 전달된 뜻이 중요한 것이다. 의학의 목표가 의사가 필요 없는 세상을 만드는 것이라면, 음식으로 약처럼 쓰는 방법은 그보다 한걸음 목표를 향해 더 나아간다고 할 수 있다. 이는 자연의 순리가 결국 '나 자신'으로부터 모든 질병의 원인과 해결책을 찾아야한다는 것임을 시사하고 있다.

현대인들이 사소한 질환에 약을 남용하는 그 근본적인 원인은 모든 고통을 싫어하고 우선 편한 안이한 생각에 있다고 해도 과언이 아니다. 사람이 시련을 겪어야 강인해진다는 원리로 건강에도 그대로 적용이 되어야 한다. 이것이 자연의 질서에 순응하는 첫 번째 조건이기도 하다. 사람의 몸과 마음이 자연과 하나가 될 때 가장 조화로워지고 큰 병에 걸리지 않는다는 것을 터득해야 한다.

다음은 자연에서 얻을 수 있는 것들을 알아본다.

(1) 신선이 되게 한다는 '측백나무'

측백나무는 예부터 신선이 되게 한다는 나무로 알려져, 많은 이들에게 귀하게 여겨져 왔다. 옛날 진나라 궁녀가 산으로 도망쳐 거처할 곳이 마땅치 않자, 선인이 가르쳐 준대로 소나무와 측백나무가 심어진 묘지 옆에서 소나무 잎, 측백나무 잎과 열매만 먹고 살았더니 추위와 더위를 모르게 지냈을 뿐만 아니라 온몸에 털이 난 채로 2백년 이상을 살았다고 한다. 또 적송자(赤松子)라는 사람이 측백나무 씨를 먹었더니 빠졌던 이가 다시 나왔다고 했으며, 백엽 선인은 측백나무 잎과 열매를 8년 동안 먹었더니 몸이 불덩이처럼 되고 종기가 온몸에 돋았다가 깨끗이 나았는데, 그 이후로 몸이 한없이 가벼워지고 얼굴이 윤기가 돌며 결국 신선이 되어 우화등선했다고 한다.

이 측백나무 잎을 쪄서 말리기를 아홉 번(구증구포) 거듭하여 가루를 만들어 오래 먹으면 온갖 병을 예방하고 치료할 수 있다. 몸에서 나쁜 냄새가 나는 것도 사라지고 향내가 나며, 머리카락이 희어지는 것을 막아주고 이빨과 뼈가 튼튼해져 무병장수한다고 한다. 특히 여인들의 하혈이나 소변에 피가 섞여 나오거나 대장이나 직장의 출혈에도 측백나무 잎이 효과가 크다. 간암이나 간경화 등에도 좋으며 잎을 계속 복용하면 고혈압과 중풍을 예방할 수 있고 불면증, 신경쇠약 증세에도 효과가 크다. 측백나무 씨앗은 자양강장제로 알려져 있고 측백나무 열매를 햇볕에 말렸다가 겉껍질을 벗긴 뒤 먹게 되면 심장을 튼튼하게 하고 신장과 방광의 기능을 좋게 하며 변을 잘 보게 하는 작용도 한다. 몸이 허약하여 식은땀을 자주 흘리거나 변비, 뼈마디가 쑤시고 아픈 증상 등에 효과가 크다.

(2) 각종 염증과 종기에 효과가 좋은 '민들레'

유럽에서도 대표적인 약초로 손꼽히고 있고, 독일에서 가장 많이 이용되고 있는 이 민들레는 맛이 조금 쓰고 달며 약성은 차다. 혈액 안에 열이 있을 때 피를 맑게 하는 작용 때문에 장기에 열이 모여 생기는 위, 간장의 병을 치료하는데 효과가 있다. 독이 없으며 소변이 잘 나오게 하고, 염증도 없애며 위장을 튼튼하게 하고, 특히 젖을 잘 나오게 하고 유방의 종기를 치료한다. 또한 흰머리를 검게 하고, 뼈와 근육을 튼튼하게 하고 눈병에도 효과가 있다. 천식, 기관지염, 임파선염, 늑막염, 위염, 간염에도 좋으며 식도가 좁아 음식을 먹지 못하는 것, 결핵, 소화불량에도 좋은 효과가 있다.

민들레는 맛이 짠 까닭에 병충해의 피해를 거의 받지 않고 생명력이 강하여, 도심의 시멘트 틈새에서도 잘 자란다. 맛이 짠 성분이 있는 식물은 뛰어난 약성을 가지고 있다.

5) 산야초를 어떻게 선택할까

(1) '도라지'와 '당귀'

우리의 몸은 자연과 따로 구분할 수 없다. 자연의 맑은 기운 그대로 밥상에 옮기기 위해 산야초 등에 함유되어 있는 엽록소를 통한 비타민과 미네랄 성분을 함께 섭취할 수 있는 기회를 접할 수 있다면, 자연의 신비로운 치유 능력에 감탄하지 않을 수 없다. 하늘의 기운과 땅의 정기를 흠뻑 머금고 자라는 산야초를 이용한 자연건강 요법은 이미 우리에게 웰빙 열풍으로 친숙해진 건강식으로 알려져 있다. 산야초를 통해 자연과 호흡을 같이 하면서 건강한 삶을 누릴 수 있는 산야초의 활용은 매우 다양하고 범위가 넓다.

산야초의 가치는 무엇보다도 뛰어난 생명력에 있다고 볼 수가 있다. 자연의 뛰어난 생존경쟁은 산야초의 생명력을 더욱 강하게 하고 재배한 채소보다 신선도와 약성에도 뛰어난 효과를 유지할 수 있다. 자연의 뛰어난 생존경쟁은 산야초의 생명력을 더욱 강하게 하고, 재배한 채소보다 신선도와 약성에도 뛰어난 효과를 유지할 수 있다. 야생초는 주로 생식의 상태나 자연과 가까운 상태로 먹는 것이 좋으며, 너무 쓰거나 떫고 진한 향과 거친 잎줄기 등은 데치거나 끓는 물에 우려서 맛과 향을 부드럽게 한 후 먹는 것이 좋다.

모든 식물에는 미세한 양의 독성이 있다. 그러므로 특히 약성이 강한 산야초는 한꺼번에 많이 먹지 않아야 한다.

(2) 산야초를 어떻게 선택할 것인가

산야초를 채취하는 시기와 방법은 산야초의 종류에 따라 천차만별이다. 산야초는 종류에 따라 약용으로 쓰는 부위도 다르며, 채취하는 장소와 시기에 따라 유효성분의 함량 차이가 있고 약성의 효과도 다를 수 있다. 또 재료에 따라 말려서 쓸 것인지, 발효시켜 효소를 쓸 것인지, 생즙으로 쓸 것인지, 생채로 쓸 것인지를 감안해야 한다. 사람마다 체질과 용도에 따라 구별해 쓰기도 하는데, 예를 들면 소음인에게 쓸 경우에는 이른 봄에 추위에 잘 견디는 식물을 사용하면 연약한 체질을 건강하게 바꿔주거나 몸을 따듯하게 도와준다.

① 도라지

'도라지'는 예부터 부드러운 순과 잎은 나물로 먹었고 뿌리는 약재로 썼다. 약으로 쓸 때는 가을이나 봄철에 뿌리를 캐서 껍질을 벗겨 말려서 쓰며, 기침약으로 최고의 효능이 있다. 도라지의 사포닌 성분은 가래를 없애고 염증을 없애는 작용을 한다. 한방에서는 도라지를 길경(桔梗)이라 하는데, 길경으로 처방할 수 있는 종류만 『동의보감』에 기록된 것만도 278종이다. 그만큼 약효가 뛰어나고 독성이 없어 두루 사용하고 있다는 뜻이다. 도라지는 또 당분과 섬유질은 물론 칼슘과 철분이 매우 많은 알칼리성 식품이다. 『신농본초경』에 '맛은 맵고 성질은 약간 따듯하다. 가슴과 옆구리가 칼로 찌르듯이 아픈 증상을 치료하며, 배가 차오르고 장에서 소리가 들리거나 놀라고 겁먹고 두근거림을 치료한다.'고 하였다. 『명의별록』에는 '맛은 쓰고 약간 독이 있다. 오장과 장 위에 찬 혈기를 보한다. 그리고 한열과 풍으로 생긴 저림을 없앤다. 속은 데워 음식을 소화하며 인후통증을 치료하고 벌레의 독을 내려 보낸다.'고 하였다. 특히 주의할 점은 돼지고기와 도라지를 같이 먹지 않아야 한다.

② 당귀

부인병의 약재들 중에서 성스러운 약으로 불리는 것으로 당귀를 꼽을 수 있다. 기(氣)를 보하는 것이 인삼(人蔘)이라면, 혈(血)을 보하는 데는 단연 당귀(當歸)라고 한다.

이처럼 피를 만들어 보충하는 효과가 뛰어나서 부인 질환에 빼놓지 않고 사용한다. 그래서 산후 회복, 갱년기장애, 산후 심한 빈혈, 혈액순환 장애, 심장 어혈증으로 인해서 가슴이 두근거림 등에 탁월한 효능을 발휘한다. 특히 당귀는 뭉쳐있는 혈액을 체외로 배설시키는 작용과, 교통사고 또는 노동이나 운동으로 입은 타박상에 어혈을 제거하고 통증을 억제하는 효과를 나타낸다.

6) 우리 땅에서 자라는 '쇠비름'과 '쑥'

(1) 쇠비름

우리나라는 신선이 사는 나라로 신묘한 약초가 모여 있는 약초의 왕국이라고 말한다. 이 땅에서 자라는 풀과 나무, 흙과 돌들은 모두 그 값을 따질 수 없는 값진 보물이다.

쇠비름은 갈증을 해소할 뿐만 아니라 장수풀로 널리 알려져 있다. 또한 오메가-3라는 지방산을 가장 많이 함유하고 있는 식용식물 중 대단히 귀한 약초이다. 요리방법은 뿌리째로 여러 번 깨끗이 씻어낸 후 끓는 소금물에 데쳐서 통풍이 잘되는 그늘이나 따듯한 방바닥에서 바싹 말려놓았다가 차로 복용하는 것이 좋고, 물김치를 담글 때 같이 섞어도 되며, 생으로 즙을 내서 먹는 방법도 있다. 된장을 풀어서 넣고 끓이면 국으로 만들어 먹을 수도 있고, 데쳐서 나물로 해서 먹어도 좋다.

예부터 쇠비름을 '장명채(長命菜)'라고 하여 오래 먹으면 장수한다고 하였고, 나이가 들어도 머리카락이 희어지지 않는다고 하였다. 모든 식물 중에서 쇠비름은 다섯 가지 기운을 다 갖추었다고 해서 '오행초'라고도 한다. 채소나 야생초를 먹을 때는 음성인 잎과 중성인 줄기, 양성인 뿌리를 골고루 먹어야 한다. 뿌리, 잎, 줄기를 포함한 야생초나 재배하는 채소를 날것으로 다섯 가지 이상 골고루 섞어 된장이나 고추장, 감식초, 현미초 또는 야생열매식초 등으로 가미하여 먹으면 소화흡수가 잘되고 식물이 가지고 있는 약성도 흡수할 수 있다.

(2) 쑥

쑥은 독특한 맛과 향은 식욕을 돋워주고 비타민과 미네랄이 풍부하다. 쑥은 비타민 A와 비타민 C도 풍부하고 몸을 따듯하게 해주기 때문에 감기예방과 치료에도 효과적이다. 우리나라만 해도 30여종이 있으며, 세계적으로 250여 종이 자란다. 식용이나 약용으로도 쓰이는데, 히로시마에 원자폭탄이 투하되었을 때 잿더미 속에서 가장 먼저 잎을 틔웠던 생명력이 강한 식물로도 알려져 있다.

쑥은 특히 우리 민족과 특별히 친숙한 식물이다. 단군신화에서 사람이 되고자 했던 곰과 호랑이가 백일동안 먹은 것도 마늘과 쑥이었다. 강한 향기는 공기를 정화시키는데 쓰여지기도 하는데, 조상들은 단오날 부정을 막기 위해 대문 앞에 걸어놓기도 했다.

영양학적 효능과 가치로도 널리 알려져 있지만, 약리작용에서도 으뜸가는 야생초라 하겠다. 당뇨와 같은 각종 성인병에 뛰어난 효능을 보이면서, 쑥에 항암작용까지 있는 것으로 밝혀졌다. 또한 살균 및 알레르기 피부에도 좋고, 벌레 물린데 찧어서 문지르면 가려움이 없어진다.

초봄에 채취하여 그늘에 말린 것을 '애엽'이라고 하는데, 차로 끓여 먹으면 혈압을 낮추는 데도 도움이 된다.

3. 소금은 독과 약을 함유

세상만물의 조직체계를 면밀히 살펴보면, 생명이 있는 모든 것들은 염분[짠 성분]을 함유하고 있으며, 함유 비율에 따라 생명의 장·단이 가름된다. 대체적으로 담성이 강한 생물은 허약하고 질병이 잦으며, 함성이 강한 생물은 무병장수한다.

1) 염분 부족이 만병의 근원

어느 것이나 간에 약이 아닌 것이 없고, 약 중에 독을 함유하지 않는 것이 없다. 소금은 그 속에 약과 독이 공존하지만, 독보다는 약으로서의 역할과 기능이 높다. 그래서 소금이 인간의 식생활에서 빼놓을 수 없는 필수품으로 정착되었다.

(1) 소금의 효능

- 제독(해독), 소염작용
- 정혈작용(혈관벽 광물질 제거)
- 신진대사 기능촉진(노폐물 배설)
- 살균, 방부작용(소염, 해열작용)
- 생신작용(파괴된 세포회복)
- 체질개선(산성을 알칼리로 중화)
- 항균작용(병균을 이겨냄)
- 조압작용(혈압, 체중 등 균형을 유지)

(2) 소금의 섭취량

성인은 하루 5~15g 정도(음식의 밑간 포함)의 소금을 섭취해야 한다(보통은 약 8g 정도). 섭취량은 계절의 영향과 노동의 정도, 땀의 정도에 따라 적절히 증감해야 한다. 그리고 아무리 좋은 소금이라 할지라도 과잉되면 동맥경화, 고혈압, 신장, 폐 등의 약화가 우려되므로 15~20일에 하루 정도 무염일(소금먹지 않는 날 : 김치 등도 포함)을 설정하여 지키는 것이 중요하다.

우리의 건강을 좌우하는 것 중에 가장 중요한 것은 언제, 어느 때, 어떻게, 무엇을 먹느냐로, 이것은 우리 건강에 크게 영향을 준다. 건강은 생활의 기초이다. 또한 식생활은 개인적으로 인성을 결정하여 사람의 운명을 바꾸고, 민족적으로는 민족성을 결정하여 앞날을 좌우한다.

지금 우리의 식생활은 어떠할까? 우리는 우리 몸을 파괴하는 좋지 않는 식품들을 주로 먹고 있다. 온갖 농약, 방부제, 표백제 등 기타 유행성 첨가물로 인해 범벅이가 된 우리밥상이 그 한 예이다. 이는 우리의 건강한 삶을 온전히 지탱할 수 없음은 물론 우리의 미래 또한 보장할 수가 없다. 이제 각종 가공이나 인스턴트식품 등을 이용하는 습관을 버려야 한다. 특히 소금은 매우 중요하다. 인체에 염분이 부족하면 피가 탁해지고 몸이 무력해지며 온갖 질병들의 침투가 쉬워진다. 따라서 피를 맑게 하고 질병에 강하게 저항할 수 있는 힘을 기르기 위해서는 독소를 제거한 약소금을 이용하면 좋다.

오늘날 우리의 건강상 문제는 상당부분 여기서 기인한다. 특히 고혈압, 당뇨, 암, 아토피, 간질 등과 현대의학이 치료할 수 없는 난치성 질환과 퇴행성 질환 등이 만연하고 있다. 모든 질병은 질병을 일으키는 병원체가 침투하기 좋은 조건, 즉 우리가 저항력이 약해졌을 때 질병에 걸리는 것임을 알아야 한다.

FOOD

제2부 실기편

한국음식의 실제와 응용

홍시죽순채

삶은 죽순을 얇게 썰고 고기를 볶아 오색고명을 내는 궁중요리이다. 대나무의 새순을 '죽순'이라고 하며, 죽순에는 단백질과 비타민 B군, 식이섬유가 풍부하게 담겨 있어 원기보충을 돕고 변비, 다이어트에 효과적이다.

재 료

소스 | 홍시 1개, 배 30g, 식초 20㎖, 소금 5g
재료 | 통조림죽순 60g, 숙주 40g, 소고기(홍두깨살) 50g, 표고버섯 1개, 배 50g, 미나리 40g, 식용유 10㎖
고명 | 미나리 10g

만드는 방법

1 죽순을 나박 썰기하여 준비한다.
2 홍두깨살과 표고버섯을 채 썰어 밑간을 한 후 기름에 볶는다.
3 숙주, 미나리를 데쳐서 소금에 무쳐둔다.
4 배를 나박 썰기하여 다른 재료들과 함께 접시에 차례대로 겹겹이 쌓아올린다.
5 준비된 홍시소스를 곁들여 미나리잎 부분을 길게 얹어준다.

홍시소스

1 홍시, 배의 껍질을 제거하여 청주와 소금을 넣고 갈아 홍시소스를 만든다.

생각해 보기
- 홍시의 단맛이 채소들과 잘 어우러져 샐러드드레싱으로 곁들여 먹어도 좋다.

도미지리전골

'지리'란, 생선을 물이나 육수에 넣고 맑은 국물이 우러나도록 끓인 것으로, 도미에는 비타민 B_1, B_2가 다량으로 함유되어 있어 피로회복에 좋은 음식이다.

재 료

육수 | 북어머리 1개, 콩나물 40g, 대파 20g, 무 40g, 물 1,000㎖, 다시마 1개, 청양고추 2개, 소금 1t, 국간장 3T
재료 | 도미 1마리, 쑥갓 20g, 무 50g, 애호박 40g, 당근 20g, 새송이버섯 30g, 팽이버섯 30g
고명 | 홍고추 5g, 청고추 5g

만드는 방법

1 냄비에 육수 재료를 모두 넣고 20분 정도 끓인 후 면보에 걸러준다.
2 손질한 도미, 쑥갓, 무, 애호박, 당근, 새송이버섯, 팽이버섯을 먹기 좋은 크기로 썰어 냄비에 담는다.
3 우려낸 육수를 부어 재료가 익을 때까지 끓여준다.
4 다 익어갈 때쯤 홍고추와 청고추를 어슷썰어 올려준다.
5 따듯할 때 냄비째로 상에 올린다.

생각해 보기

- 콩나물은 육수의 시원함을 더해주어 활용도가 높다.
- 도미는 윤기가 흐르고 눌렀을 때 탄력이 느껴지는 것을 고르는 것이 좋다.
- 지리는 생선을 물에 넣고 맑은 국물이 우러나도록 끓여 채소와 두부 등을 넣고 끓인 탕이다.

칠절판

일곱 칸으로 나뉜 용기에 담아 먹는 우리나라 고유의 음식으로, 밀전병을 중심으로 일곱 가지 채소들을 볶아놓은 것을 밀전병에 싸먹는 전통음식이다.

재 료

겨자소스 | 겨자 20g, 배 10g, 홍시 10g, 설탕 10g, 잣 5g, 소금 1/2t
재료 | 당근 30g, 오이 30g, 석이버섯 30g, 홍두깨살채 30g, 달걀노른자 1개, 표고버섯 2개, 참기름 1㎖
밀전병 | 흑임자가루 50g, 밀가루 150g, 물 200g, 소금 1/2t, 설탕 1t
고명 | 잣 2g

만드는 방법

1 당근, 오이를 돌려 깎아 얇게 채 썬다.
2 석이버섯의 돌을 제거한 후 곱게 채쳐 낮은 온도의 참기름에 살짝 볶는다.
3 표고버섯을 물에 불려 물기를 제거한 후 포를 떠 채 썬다.
4 홍두깨살을 슬라이스 하여 얇게 채 썬다.
5 노른자 알끈을 제거하여 얇게 황지단을 부쳐 채 썬다.
6 채소류를 소금간 하여 오이, 당근, 표고버섯, 고기 순으로 볶아준다.
7 원형 접시에 색이 대비되도록 둘러 담아서 낸다.

❖밀전병

1 물과 밀가루를 거품기로 충분히 저은 후 흑임자가루를 뭉치지 않게 섞어 간을 한다.
2 기름이 없는 팬을 달궈 동그랗게 부친다.
3 채소를 둘러싸게 담아 접시의 가장 중앙에 밀전병과 그 위에 잣고명을 올린다.

❖겨자소스

1 모든 재료를 블랜더에 곱게 갈아 사용한다.
2 완성된 칠절판과 함께 상에 올린다.

생각해 보기
- 구절판과 같이 다양한 채소가 함께 들어가는 조리를 할 때, 색이 하얀 순부터 하나씩 볶아야 볶은 찌꺼기가 묻어나오는 것을 방지할 수 있다.
- 겨자소스에 홍시를 사용하면 겨자소스가 붉은색을 띠어 보기가 좋다.

단호박갈비

호박에 풍부한 베타카로틴은 체내에서 비타민 A로 전환되어 눈 건강에 도움을 준다. 소갈비에는 양질의 단백질이 풍부하여 회복기 환자, 산모에게도 좋은 음식이다.

재 료

양념 | 간장 40㎖, 참기름 10㎖, 배 20g, 대파 20g, 설탕 1T, 후추 2g, 마늘 10g, 생강 4g

재료 | 소갈비 800g, 단호박 1통, 밤 30g, 대추 30g, 은행 20g

고명 | 청고추 5g, 홍고추 5g, 인삼 1뿌리

만드는 방법

1 갈비를 물에 담가 핏물을 제거하여 10분 정도 데친 후 깨끗이 씻어 준비한다.
2 배를 곱게 갈아 다른 양념 재료와 섞어 갈비에 골고루 묻혀 냉장에 1시간 정도 숙성시킨다.
3 숙성된 갈비를 1시간 30분 정도 자작하게 조린다.
4 양념이 줄어들면 밤, 대추, 은행을 넣고 10분 정도 더 조린다.
5 단호박은 반을 갈라 씨를 제거하고 먹기 좋은 크기로 썰어 김 오른 찜솥에 16분 정도 쪄낸다.
6 접시에 갈비와 찐 단호박을 담아 청고추, 홍고추와 인삼을 곁들여 먹는다.

생각해 보기

– 달달한 단호박이 짭조름한 갈비양념과 궁합이 좋다.

규아상

'미만두' 라고 하고, 궁중에서는 수라상(水刺床)에 오르는 음식이다. 오이로 만든 소를 넣고 해삼 모양으로 싸서 찐 만두로, 찔 때 담쟁이잎을 깔면 향이 좋아진다.

재 료

간장소스 | 간장 20㎖, 레몬 20g
재료 | 밀가루 200g, 소금 10g, 물 80㎖
속재료 | 오이 40g, 표고버섯 20g, 잣 10g, 홍두깨살 50g, 소금물 100㎖, 마늘 10g
고명 | 통잣 2g

만드는 방법

1 오이를 돌려 깎아 얇게 채 썰어 소금물에 절인 후 기름에 볶는다.
2 불린 표고버섯 홍두깨살을 채 썰고 소금, 후추, 마늘즙에 버무려 기름에 볶는다.
3 잣과 볶은 재료를 섞어 간을 맞춰 '만두소'를 완성한다.
4 소를 만두피 중앙에 얹고 테두리에 물을 묻혀 나뭇잎 모양 만두로 싸준다.
5 김 오른 찜솥에 20분 정도 쪄낸다.
6 레몬과 간장을 적당한 비율로 섞어 간장소스를 만들고, 접시에 담아 곁들여 먹는다.

생각해 보기
- 규아상이란 '미만두'라고도 한다.
- 여름에 먹으며, 궁중에서는 수라상(水刺床)에 오르는 음식이다.

죽순선

죽순은 길이로 반을 잘라 어슷하게 칼집을 넣는다. 육수간장을 붓고 조린 후, 칼집 사이에 소고기와 표고버섯, 석이버섯, 달걀지단 등 색을 맞추어 넣어 만든 것이다.

재 료

겨자소스 | 겨자 20g, 황도 20g, 양파 10g, 잣 5g, 배 20g

재료 | 통조림죽순 1개, 오이 20g, 당근 20g, 석이버섯 10g, 표고버섯 10g

고명 | 실고추 2g

만드는 방법

1 통조림죽순의 밑동을 잘라 윗부분만 사용하며, 단면이 보이도록 반으로 갈라준다.
2 오이와 당근을 돌려 깎고 불린 표고버섯과 함께 얇게 채 썰어 소금물에 절여 기름에 볶는다.
3 석이버섯은 돌을 제거한 후 곱게 채쳐 참기름에 살짝 볶는다.
4 죽순의 패인 단면에 볶은 재료들을 한 가지씩 조화롭게 얹어 김 오른 찜솥에 5분 정도 쪄낸다.
5 접시에 담아 실고추를 올려 겨자소스와 곁들여 먹는다.

❖ 겨자소스

1 블랜더에 모든 재료를 손질하여 곱게 갈아 사용한다.

생각해 보기

- 통조림죽순을 사용할 때는 물에 식초와 소금을 조금씩 풀어 한 번 삶은 뒤 찬물에 담가 사용하는 것이 좋다.

대하선

대하의 배에 칼집을 넣고 칼집 사이에 소고기, 표고버섯, 석이버섯, 달걀지단 등 색을 맞추어 넣어 만든 것이다. 대하는 고단백 저지방 식품으로 다이어트에 좋고 키토산이 함유되어 있어 성작발육, 피부미용에 좋다.

재 료

재료 | 대하 60g, 석이버섯 10g, 표고버섯 10g, 오이 20g, 당근 20g, 달걀노른자 1개

만드는 방법

1 대하의 다리와 물총을 제거한 후 배 부분을 반으로 갈라 껍질과 살을 머리가 떨어지지 않게 분리한다.
2 살을 발라내어 칼등으로 두들겨서 끊기지 않게 살을 넓게 펴준다.
3 석이버섯, 불린 표고버섯, 오이, 당근을 채쳐 준비한다.
4 넓게 펴준 대하에 각 재료를 가지런히 올려 대하를 돌돌 말아 랩으로 감싸준다.
5 랩으로 감싼 대하살을 머리, 껍질과 함께 김 오른 찜솥에 10분 정도 쪄낸다.
6 랩을 제거하여 말이 부분을 반으로 썰어 단면이 보이도록 쪄낸 새우껍질 위에 얹는다.
7 대하의 머리가 위로 솟도록 접시에 담아서 낸다.

생각해 보기

- '몸집이 큰 새우'라는 뜻을 가지고 있다. 大蝦(큰 대, 새우 하). 대하는 단백질과 무기질 함량이 높아 튀김요리, 구이요리로도 많이 사용된다.
- 한국요리의 선(膳)은 돋보이는 주재료에 소를 채워서 익혀 먹는 '유사 찜요리'이다.

보쌈김치

양념소에 과일, 해물, 갖은 채소들을 버무린 뒤 배추 속에 넣어 감싼 음식으로, 황해도 개성지역의 향토음식이다. 배추는 수분 함량이 높아 이뇨작용에 효과적이며 식이섬유 함유량이 많아 변비와 대장암 예방에 좋다.

재 료

재료 | 배추 5장, 배 20g, 낙지 50g, 새우 20g, 밤 10g, 대추 10g, 은행 5g, 잣 5g, 미나리 10g, 고춧가루 40g, 소금 2g, 새우젓 10g, 쪽파 20g, 무 50g

배물 | 배 30g, 물 100㎖, 소금 10g, 다진마늘 20g, 생강즙 5g, 청양고추 10g

고명 | 실고추 2g

만드는 방법

1. 배추를 얇은 잎 부분과 두꺼운 밑단 부분을 나눠, 잎 부분은 길게 잘라 따로 소금에 절여놓는다.
2. 낙지와 새우를 깨끗이 씻어 먹기 좋은 크기로 썬다.
3. 남은 밑단 부분 배추, 무를 나박 썰기로 썰어준 후 함께 소금에 절인다.
4. 배는 껍질을 벗겨 반은 나박 썰기로 썰어 갈변되지 않도록 물에 담가둔다.
5. 미나리, 쪽파를 먹기 좋은 크기로 썰어 모든 재료와 섞고 고운 고춧가루, 새우젓을 넣어 함께 버무린다.
6. 소금에 절인 배추잎 부분을 깨끗이 헹궈 물기를 제거한 후 버무린 재료를 감싸 보김치를 만든다.
7. 준비된 배물에 고춧가루를 연하게 풀어 김치물을 만들고 보김치 위에 부어준다.
8. 3~4일 숙성 후 실고추를 얹어 상에 낸다.

❖배물

1. 배와 청양고추를 제외한 배물 재료를 모두 넣고 끓여준다.
2. 열기가 없도록 식혀준다.
3. 배는 껍질을 제거하여 블랜더에 곱게 갈고, 청양고추는 어슷썰어 배물에 넣어준다.

생각해 보기

- 개성에서 유래한 김치로, 본래 명칭은 '쌈김치'라 하였다.
- 소금에 절여 겉에 싼 배추잎이 안에 있는 모든 재료들의 맛과 냄새가 새어나가지 않도록 맛을 보존해주는 역할을 한다.
- 다양한 재료들과 싱싱한 해산물이 들어가 가장 고급스러운 김치로 통한다.

서여향병

서여향병(薯蕷香餠)은 마[산약(山藥)]를 썰어 쪄낸 다음, 꿀에 담갔다가 찹쌀가루를 묻혀 기름에 지져내어 잣가루를 입힌 것이다. 마는 알칼리성 식품으로 생식해도 소화흡수가 잘되는 건강식품으로 알려져 있다.

재 료

재료 | 마 300g, 찹쌀가루 50g, 잣가루 50g, 소금 5g, 설탕 10g, 꿀 80㎖
고명 | 대추 5g

만드는 방법

1 마의 껍질을 제거하여 물에 담가 깨끗이 씻은 후 먹기 좋은 크기로 동그랗게 썰어준다.
2 손질한 마를 김 오른 찜솥에 10분 정도 쪄낸다.
3 꿀에 쪄낸 마를 30분 정도 재워준다.
4 찹쌀가루를 소금, 설탕으로 간을 맞춰 준비한다.
5 꿀에 재워둔 마를 건져 찹쌀가루를 골고루 묻혀 달군 팬에 기름을 두르고 지져낸다.
6 식기 전에 잣가루를 빈틈없이 묻혀 대추꽃 고명을 올려 접시에 낸다.

생각해 보기
- 마를 고를 때는 껍질이 울퉁불퉁하지 않고 두께가 굵직하면서 무게감이 느껴지는 것이 좋다.
- 서여향병을 할 때에는 적당한 두께를 고르는 것이 좋다.

도미매운탕전골

손질한 도미를 적당한 크기로 토막내어 미나리, 쑥갓, 양파, 무, 고추, 마늘, 호박, 두부 등을 넣고서 고춧가루, 고추장을 풀어 얼큰하게 끓인 탕이다. 도미에는 비타민 B_1, B_2가 다량으로 함유되어 있어 피로회복에 좋은 음식이다.

재 료

육수 | 대파 30g, 무 50g, 다시마 10g, 북어머리 30g

다진양념 | 소지방(혹은 식용유) 10g, 고춧가루 50g, 다진마늘 15g, 다진생강 5g, 후추 2g, 볶은 참깨 2g

재료 | 도미 1마리, 쑥갓 20g, 무 40g, 애호박 20g, 당근 20g, 새송이버섯 20g, 팽이버섯 20g, 두절콩나물 30g

고명 | 홍고추 1개, 청고추 1개, 대파 10g

만드는 방법

1 냄비에 육수 재료를 모두 넣고 20분 정도 끓인 후 면보에 걸러준다.
2 손질한 도미를 넣고 매운탕 다대기를 골고루 섞어 육수에 풀은 후 한소끔 끓여준다. 비린내가 날아가도록 뚜껑을 닫지 않고 끓인다.
3 쑥갓, 무, 애호박, 당근, 새송이버섯, 팽이버섯을 먹기 좋은 크기로 썰어 냄비에 넣는다.
4 마지막으로 홍고추와 청고추, 대파를 어슷썰기하여 올려준다.

❖다진양념

1 신선한 소 지방을 중불에 볶아 소 기름을 충분히 내어 꺼낸다.
2 기름을 살짝 식힌 후 고운 고춧가루를 넣어 태우듯 볶아낸다.
3 소 기름과 고춧가루가 몽글몽글 올라오면 불을 끄고 다진마늘, 생강, 후추, 볶은 참깨를 넣어 완성한다.

생각해 보기

- 도미는 봄철 가장 맛있는 생선이다. 지방이 적은 편이며 살이 단단하다.
- 소 기름 대신 식용유로 대체사용이 가능하다
- 신선한 소 기름을 사용하여 매운탕 다대기를 만들어 조리하면, 탕의 국물이 구수하고 담백한 깊은 맛을 낼 수 있다.

다시마튀각

손질한 다시마를 깨끗한 기름에 튀기고 통깨와 설탕을 뿌려서 먹는 마른 찬으로, 칼륨과 식이섬유가 풍부하여 동맥경화, 고혈압을 예방하고 변비에 도움을 준다.

재 료

재료 | 다시마 40g, 소금 5g, 설탕 10g, 식용유 150㎖

만드는 방법

1 다시마를 손질하여 먹기 좋은 크기로 썰어준다.
2 기름을 예열한 후 다시마가 골고루 익도록 튀겨낸다.
3 다시마가 뜨거울 때 소금과 설탕을 뿌려 잘 녹아들게 한다.
4 밀폐용기에 보관하여 반찬이나 안주로 활용해도 좋다.

생각해 보기

- 다시마를 손질할 때 물에 헹구지 않고 살짝 적신 면보나 행주로 닦아준다.

두부선

성장호르몬의 생성을 돕는 전통음식으로, 부드럽고 담백한 것이 특징이다. 두부는 리놀산을 함유하고 있어 콜레스테롤을 낮추고 동맥경화를 예방한다.

재 료

재료 | 두부 80g, 닭가슴살 60g, 마늘즙 20g, 소금 5g
고명 | 석이버섯 5g, 실고추 2g, 황·백지단 5g

만드는 방법

1 으깬 두부와 곱게 갈아낸 닭 가슴살에 마늘즙, 소금을 넣고 치댄다.
2 김 오른 찜솥에 원하는 모양을 잡아 15분 정도 쪄낸다(닭가슴살이 익을 정도).
3 고명으로 쓸 황·백지단을 부친다.
4 쪄낸 두부선을 식힌 후 먹기 좋은 크기로 썰어 석이버섯, 실고추, 황·백지단의 색이 잘 어우러지도록 얹어 접시에 담아서 낸다.

생각해 보기
- 두부선은 식힌 후 썰어야 부서지지 않는다.
- 두부와 닭가슴살은 각각 식물성 단백질과 동물성 단백질의 대표 재료이다.

어채

어채는 '화채' 라고 불릴 만큼 화려한 고급 음식이다. 흰살생선의 담백한 살을 먹기 좋게 자른 뒤, 녹말가루를 묻혀 끓는 물에 살짝 데쳐서 먹는 생선회로, 상차림의 첫 번째 음식으로 권할 만하다.

재 료

겨자소스 | 겨자 30g, 황도 20g, 양파 10g, 잣 5g, 배 20g

재료 | 도미 200g, 청·홍 파프리카 50g, 당근 50g, 표고버섯 30g, 감자전분 3T

고명 | 잣 2g

만드는 방법

1 도미를 손질하여 살을 발라 채소와 함께 먹기 좋은 크기로 썰어준다.

2 모든 재료를 전분에 골고루 묻혀 끓는 소금물에 데친다.

3 얼음물에 식혀 보기 좋게 담아 잣을 올려 겨자소스를 곁들여 낸다.

❖겨자소스

1 블랜더에 모든 재료를 손질하여 곱게 갈아준다.

생각해 보기

- 도미나 민어, 광어처럼 흰살생선을 포 떠 전분을 묻혀 끓는 물에 살짝 데치는 '숙회'이다.
- 궁중에서는 생회를 먹기보다는, 살짝 익혀서 먹었다.

배김치

배는 변비예방과 기관지에 매우 좋은 음식이고, 무는 비타민 C의 함량이 풍부하여 예로부터 겨울철 비타민 공급원으로 중요한 역할을 하였으며, 무즙에는 디아스타아제라는 효소가 있어 소화를 촉진시킨다.

재 료

재료 | 배 200g, 배추 1kg, 무 200g, 소금 30g, 쪽파 20g, 갓 50g
배물 | 배 50g, 물 400㎖, 소금 20g, 다진마늘 30g, 생강즙 10g
고명 | 실고추 2g, 잣 2g

만드는 방법

1 배추와 무를 먹기 좋은 크기로 썰어 소금에 절인 후, 쪽파와 갓을 함께 썰어 백김치를 담근다.
2 배를 반으로 갈라 속을 파내고, 백김치를 둥글게 말아 배 속에 넣는다.
3 준비된 배물을 배김치 위에 부어준 후 3~4일 정도 숙성한다.
4 실고추와 잣을 고명으로 올린다.

❖배물

1 배를 제외한 배물 재료를 모두 넣고 한소끔 끓여준다.
2 열기가 없도록 식혀준다.
3 배는 껍질을 제거하여 곱게 갈아넣어 배물을 만들어준다.

생각해 보기
- 배가 김치에 시원함을 더해준다.

도미선

어선은 임금, 왕비, 왕세자에게 진공(進供)하는 음식으로, 도미에는 비타민 B_1, B_2가 다량으로 함유되어 있어 피로회복에 좋고 기름기가 적어 식이요법 재료로 많이 쓰인다.

재 료

재료 | 도미 400g

고명 | 당근 30g, 석이버섯 20g, 실고추 2g, 달걀 1개(황·백지단)

만드는 방법

1 도미를 손질한 후 어슷하게 칼집을 낸다.
2 당근, 석이버섯을 얇게 채치고 황·백지단을 부쳐 같은 크기로 채 썬다.
3 손질된 도미 위에 채소류를 보기 좋게 얹어 김 오른 찜솥에 30분 정도 찐다.
4 접시에 담아 실고추를 올려서 낸다.

생각해 보기

- 봄철에 가장 맛있는 생선이다.
- 지방이 적은 편이고 살이 단단하다.

육회

소고기의 살코기를 얇게 저며 양념에 날로 무친 회(膾)로, 동양 3국 중에 우리 나라에서 발달한 음식이다. 육회는 단백질과 필수아미노산이 풍부하고 철분 함량이 많아 빈혈에 도움이 된다.

재 료

소스 | 소금 5g, 설탕 30g, 후추 2g, 깨소금 5g, 마늘즙 10g, 참기름 10㎖
재료 | 육회용 고기 90g, 배 20g
고명 | 잣 2g

만드는 방법

1 육회용 고기를 채 썰어 준비한다.
2 소금, 설탕, 후추, 깨소금, 마늘즙, 참기름을 고기에 넣고 버무린다.
3 배를 얇게 채쳐 접시에 담고, 고기를 위에 얹는다.
4 고기 위에 잣가루를 올려서 낸다.

생각해 보기

- 육회용 고기로, 주로 지방 함량이 적은 홍두깨(우둔의 한 부분으로 넓적다리 안쪽에서 엉덩이 바깥쪽), 우둔(소의 엉덩이 안쪽 부위), 꾸리살(소의 견갑골 안쪽에 있는 둥근 근육), 설깃살(소의 뒷다리 바깥쪽 넓적다리를 이루는 대퇴두갈래근) 을 이용한다.

삼색무냉채

삼색무냉채는 발암물질을 해독하고 암을 예방하는 역할을 한다. 무는 비타민 C 함량이 풍부하여 예로부터 겨울철 비타민 공급원으로 중요한 역할을 하였고, 무즙에는 디아스타아제라는 효소가 있어 소화를 촉진시킨다.

재 료

재료 | 무 100g, 파인애플 30g, 오이 30g, 사과 30g, 와사비 20g, 백년초가루 20g, 치자가루 20g
단촛물 | 설탕 50g, 식초 50㎖, 물 150㎖
고명 | 미나리 20g

만드는 방법

1 무의 껍질을 벗겨 동그랗고 얇게 썰어 와사비, 백년초, 치자가루를 각각 섞은 단촛물에 절인다.
2 미나리를 살짝 데쳐내어 준비한다.
3 사과, 파인애플, 오이를 잘게 썰어, 물들인 쌈무 중앙에 올려 데친 미나리로 묶어 싸준다.
4 색깔별로 담아서 낸다.

생각해 보기
- 쌈무의 색을 낼 때 분말을 이용할 수 있고, 비트로 즙을 내어 붉은색을 만들 수 있다.

삼색말이떡

흑임자는 항산화 작용에 효과적이다. 백년초는 백 가지 병을 다스릴 수 있다 하여 붙은 이름이다. 쑥은 부인병 예방에 특히 효능이 있으며, 팥에는 비타민 B_1이 풍부하여 각기병을 예방하고 신장병, 당뇨병 등에 유효하다.

재 료

재료 | 쑥가루 10g, 백년초가루 10g, 흑임자가루 10g, 팥앙금 150g, 찹쌀가루 240g, 멥쌀가루 60g, 소금 0.5t, 설탕 1t

고명 | 대추꽃 3g

만드는 방법

1 찹쌀가루와 멥쌀가루를 섞어 소금, 설탕을 넣어 각각 색을 흑임자, 백년초, 쑥가루를 이용하여 낸다.
2 달군 팬에 기름 없이 굽는다.
3 구워낸 각색의 떡을 길게 펴 앙금을 넣고 김밤처럼 돌돌 말아준다.
4 말은 떡을 썰어 단면이 보이도록 접시에 담아 대추꽃을 얹는다.

❖팥앙금

1 깨끗이 씻은 물에 반나절 정도 불려준다.
2 팥이 잠길 정도로 물을 넣고 삶아 소금을 넣는다.
3 물이 끓기 시작하면 5분 정도 끓인 후 물을 버리고 팥을 헹궈준다.
4 팥에 다시물을 부어 1시간 정도 삶는다.
5 물이 증발하여 팥이 물 위로 보이면 설탕과 소금을 넣고 조려준다.
6 팥을 주걱으로 적당히 으깨가며 저어주고, 식힌 후 호두를 넣어 섞어준다.

생각해 보기

- 찹쌀과 멥쌀은 8 : 2 비율로 섞어 사용하는 것이 좋다.

대게요리

유방암 예방에 효과적이다. 키토산은 혈관질환 개선, 다이어트 효과, 면역력 향상, 혈당 조절, 간기능 개선, 중금속 배출에 효능이 있다. 또한 지방 함량이 적어 소화도 잘되고 환자나 노인들에게 좋은 음식이다.

재 료

재료 | 대게 1마리, 달걀 1개

고명 | 황·백지단 각 5g, 석이버섯 20g, 당근 20g, 청·홍 파프리카 30g

만드는 방법

1 대게를 깨끗이 씻어 찜솥에 30분 정도 찐다.
2 찐 대게를 몸통살만 발라, 달걀을 풀어 살과 잘 섞은 후 김 오른 찜솥에 5분 정도 쪄내어 대게 달걀찜을 만든다.
3 대게 달걀찜 위에 고명 재료를 곱게 채쳐 올린다.
4 대게의 느끼함을 잡아주는 와사비소스와 곁들여 내는 것도 좋다.

생각해 보기

- 좋은 대게 고르는 법은 다리나 배쪽을 눌렀을 때 단단하게 차있는 것이 좋다. 다리의 생김새가 대나무처럼 생겼다 해서 '대게' 라고 부르며, 11월부터 이듬해 5월 말까지 어획한다.

신선로
소곡주

신선로에 여러 어육과 채소를 색스럽게 넣어 끓인 서울 지방의 향토음식이다. 궁중에서는 맛이 좋은 탕이라는 뜻에서 '열구자탕(悅口資湯)'이라 하였다.

재 료

육수 | 양지 100g, 물 6컵, 무 60g, 표고버섯 20g, 대파 흰부분 40g, 양파 30g, 다시마 20g
재료 | 청·홍 파프리카 30g, 무 40g, 소고기완자, 육전, 미나리촛대, 배추전, 간전
고명 | 은행 20g, 잣 10g, 호두 10g, 대추 10g

소고기완자 | 소고기 100g, 두부 30g, 밀가루 20g, 달걀 1개
완자양념 | 소금 3g, 파 5g, 마늘 5g, 참기름 15mℓ, 후춧가루 1g
육전 | 소고기 우둔살 50g, 밀가루 10g, 달걀 1개
고기밑간 | 간장 10mℓ, 청주 5mℓ, 참기름 10mℓ, 후춧가루 2g
미나리촛대 | 미나리 30g, 밀가루 5g, 달걀 1개, 이쑤시개
배추전 | 배춧잎 2개, 밀가루 50g, 달걀 2개
간전 | 생간 100g, 우유 200mℓ, 마늘 10g, 생강 2g, 월계수잎 1개, 후추 2g, 밀가루 50g, 달걀 2개

만드는 방법

1 무를 삶아 작게 썰어 국간장, 참기름, 마늘에 버무려 신선로 바닥 부분에 깔아준다.
2 청·홍 파프리카를 전들과 비슷한 크기로 썰어준다.
3 준비된 재료들의 색깔이 대비되게 가지런히 담는다.
4 고명 재료를 올려준다.
5 끓인 양지 육수에 약하게 간을 하여 육수를 부어서 낸다.

❖완자
1 소고기와 두부를 잘게 다져 완자양념을 넣고 골고루 반죽한다.
2 동그랗게 빚어 밀가루와 달걀물을 묻혀 달군 팬에 지져 낸다.

❖육전
1 소고기를 다른 재료와 비슷한 크기로 저며 양념한다.
2 밀가루와 달걀을 묻혀 달군 팬에 지져 낸다.

❖미나리촛대
1 미나리를 깨끗이 손질하여 이쑤시개로 일정하게 꽂아준다.
2 밀가루와 달걀을 묻혀 달군 팬에 지지고, 신선로에 담을 때 이쑤시개를 제거한다.

❖배추전
1 배춧잎을 깨끗이 씻어 두꺼운 부분을 밀대로 두들겨 얇게 펴준다. 칼로 두꺼운 부분의 포를 떠도 좋다.
2 밀가루와 달걀을 묻혀 달군 팬에 지져 낸다.

❖간전
1 생간을 우유에 담가 간의 핏물을 빼준다.
2 월계수잎, 생강, 마늘을 물에 넣고 끓여 생간을 살짝 데치듯 익힌다.
3 적당한 크기로 잘라 후추로 밑간을 한다.
4 밀가루와 달걀을 묻혀 달군 팬에 지져 낸다.

❖양지육수
1 육수 재료를 모두 넣고 끓인 후 면보에 걸러 준비한다.

❖고명
1 은행은 살짝 볶아내어 껍질을 제거하여 준비한다.
2 대추씨를 제거한 후 말아 대추꽃을 만들어준다.
3 호두를 뜨거운 물에 불려 이쑤시개로 껍질을 제거하고 반으로 잘라준다.

전복초
한산
소곡주

궁중에서 먹던 보양식 중 하나로, 전복은 원기를 회복하고 몸에 생기를 돌게 하며 신진대사를 촉진한다. 또한 비타민과 칼슘, 인 등의 미네랄이 풍부하며 아르기닌이라는 아미노산이 풍부하다.

재 료

한방소스 | 갱엿 30g, 간장 100㎖, 한방약재 30g(엄나무·오가피·당귀)
재료 | 전복 1마리, 잣 10g, 대추 10g, 은행 10g
고명 | 실고추 2g

만드는 방법

1 전복을 깨끗이 손질하여 전복살에 칼집을 낸다.
2 준비된 한방소스에 전복, 대추, 은행을 함께 넣고 조려준다.
3 접시에 담아 전복껍질에 살을 올려 실고추와 잣을 고명으로 올려준다.
4 접시에 담아 레몬을 곁들여 낸다.

❖한방소스

1 한방약재 재료들을 물에 넣고 삶아 한방약물을 만든다.
2 약물에 간장, 갱엿을 넣고 조린다.

생각해 보기
- 초(炒)는 재료를 장물에 조려 윤기가 나게 만드는 조리법이다.

민물장어 소금구이

장어는 고단백 식품으로 여름철 보양식으로 많이 섭취한다. 불포화지방산이 풍부하여 콜레스테롤이 혈관 내에 쌓이는 것을 억제하고 원할한 혈액순환을 도와 성인병 예방에 좋다.

재 료

재료 | 민물장어 1 마리
밑간 | 소금 3g, 후추 1g, 레몬즙 10g
고명 | 생강채 5g

만드는 방법

1 손질된 장어를 석쇠에 올려 소금과 후추를 뿌려 초벌구이를 한다.
2 초벌 후 장어를 먹기 좋은 크기로 썰어 석쇠에 다시 한 번 구워준다.
3 접시에 담아 생강채를 올려서 낸다.

장어손질

1 등지느러미와 아가미 아래쪽 옆지느러미를 제거한다.
2 머리에 피가 고인 부분을 가위로 잘라낸다.
3 안쪽 살에 박힌 가시를 제거하고 핏물을 제거한다.
4 밀가루를 뿌려 점액질이 제거되도록 바락바락 씻어야 비린내가 제거된다.

생각해 보기
– 센불에 오래도록 구우면 식감이 질겨진다.

민물장어양념구이

민물장어는 머리가 가늘게 생겼으나, 5~6월에 살이 쪄 독사 머리처럼 넓적한 것이 특징이다. 전라남도 화순군에서 양념장이나 소금으로 간을 하여 구워낸 민물장어가 유명하다.

재 료

재료 | 민물장어 1 마리

양념 | 고추장 2T, 고춧가루 1T, 매실액 1T, 간장 1T, 맛술 1T, 물엿 1T, 다진마늘 1T, 후추 소량, 생강즙 소량

밑간 | 소금 3g, 후추 1g, 레몬즙 10g

만드는 방법

1 양념장 재료를 고르게 섞어 준비한다.
2 손질된 장어를 석쇠에 올려 양념장을 덧발라주며 초벌구이를 한다.
3 초벌구이된 장어에 양념장을 다시 덧발라 완전히 구워준다.
4 접시에 담아 레몬을 곁들여 낸다.

❖장어손질

1 등지느러미와 아가미 아래쪽 옆지느러미를 제거한다.
2 머리에 피가 고인 부분을 가위로 잘라낸다.
3 안쪽 살에 박힌 가시를 제거하고 핏물을 제거한다.
4 밀가루를 뿌려 점액질이 제거되도록 바락바락 씻어야 비린내가 제거된다.

생각해 보기

- 센불에 오래도록 구우면 식감이 질겨진다.

명태찜

명태는 강원도 고성군을 비롯한 동해안에서 주로 잡힌다. 명태는 잡는 법, 가공법, 시기, 지역에 따라 이름이 달라지는데, 봄은 춘태, 가을은 추태, 겨울은 동태, 그물로 잡은 망태 등이 있다.

재 료

재료 | 명태 2마리, 콩나물 250g, 대파 1대, 청고추 1개, 홍고추 1개, 미나리 250g, 무 1/4개

양념 | 고춧가루 7T, 진간장 10T, 맛술 2T, 물엿 4T, 매실액 2T, 다진마늘 2T

만드는 방법

1 양념장 재료를 고르게 섞어 준비한다.
2 냄비 무를 밑에 깔고 손질한 명태를 올려 양념장을 고르게 펴 발라준다.
3 손질한 콩나물을 올려 중불에 조린다.
4 무가 익어갈 때쯤 미나리, 대파, 청고추, 홍고추를 먹기 좋은 크기로 썰어서 올려 한소끔 끓인 후 접시에 담아서 낸다.

생각해 보기

- 콩나물을 늦게 넣으면 콩나물의 비린내가 올라온다.

순대전골

평안도와 함경도는 돼지 대창 속 선지, 찹쌀, 배추우거지, 숙주 등을 버무려 속을 채워 만든 아바이순대, 강원도는 오징어 몸통을 이용하여 만든 오징어순대, 충청도는 돼지 창자에 선지, 삶은 당면, 채소 등으로 채워 만든 병천순대 등이 있다.

재 료

육수 | 멸치 5마리, 다시마 5cm 1장, 무 1/5개, 대파 1/4대, 물 4컵

재료 | 순대 500g, 깻잎 12장, 양파 1/2개, 부추 50g, 팽이버섯 반봉, 대파 1대, 청고추 1개, 홍고추 1개, 반거피 들깨가루 40g

양념 | 고춧가루 4T, 된장 1T, 다진마늘 2T, 국간장 2T, 맛술 1T, 멸치액젓 1T, 소금 3g, 후추 1t

만드는 방법

1 육수 재료를 모두 넣고 끓여준 후 양념을 풀어 준비한다.
2 전골냄비에 순대와 부재료들을 먹기 좋은 크기로 썰어 가지런히 담는다.
3 팽이버섯, 대파, 청고추, 홍고추를 위에 얹어 육수를 붓고 끓인다.
4 재료가 거의 익어갈 때쯤 반거피 들깨가루를 얹어 마무리한다.

생각해 보기

- 오랜 시간 끓이면 순대가 터질 수 있으므로, 적당한 시간 끓여내는 것이 좋다.

소고기버섯전골

버섯 자체의 풍미가 뛰어나므로 양념을 약하게 하는 것이 좋다. 버섯은 고단백, 저칼로리 식품이면서 식이섬유, 비타민, 철 등 무기질이 풍부한 건강 식품으로 뛰어난 다이어트 식품이다.

재 료

육수 | 양지 200g, 다시마(5cm) 1장, 무 1/5개, 대파 1/4대, 건고추 20g, 물 5컵

재료 | 소고기(불고기용) 250g, 느타리버섯 100g, 팽이버섯 100g, 만가닥 70g, 새송이버섯 100g, 당면 50g, 애호박 1/2개, 양파 1/2개, 홍고추 1개, 청고추 1개, 대파 1/2대, 다진마늘 1T, 당근 1/2개

양념 | (소고기) 간장 1T, 설탕 0.5T, 참기름 1t, 다진파 0.5T, 다진마늘 1t, 후추 2g

고명 | 홍고추 1개, 청고추 1개

만드는 방법

1 고기를 우려 육수를 끓여 준비한다.
2 불고기용 소고기를 고기양념에 무쳐 준비한다.
3 채소 재료들을 먹기 좋은 크기로 썰어 준비한다.
4 고기를 중심으로 부재료들을 먹기 좋게 올린다.
5 육수를 붓고 중불에 끓인다.
6 홍고추, 청고추를 올려 숨을 살짝 죽인다.

생각해 보기

- 장시간 끓이면 버섯과 고기의 식감이 질겨진다.

소고기두부전골

햇콩으로 두부를 만들어, 두부에 고기와 채소를 함께 끓여 먹는 두부전골은 가을철 별미이다. 두부는 리놀산을 함유하고 있어 콜레스테롤을 낮추고 동맥경화 예방에 도움을 준다.

재 료

육수 | 양지 200g, 다시마(5cm) 1장, 무 1/5개, 대파 1/4대, 건고추 20g, 물 5컵, 국간장 1T, 소금 1t

재료 | 소고기(불고기용) 100g, 두부 1모, 팽이버섯 2장, 만가닥 70g, 무 1/5개, 달걀노른자 1개, 대파 1/4대, 양파 1/2개, 애호박 1/2개, 배추잎 3장, 미나리 4줄기

양념 | (소고기) 간장 2T, 설탕 1T, 참기름 0.5T, 다진파 1T, 다진마늘 0.5T, 후추 2g

만드는 방법

1 육수를 끓여 준비한다.
2 불고기용 소고기를 고기양념에 버무려 준비한다.
3 두부를 먹기 좋은 크기로 썰어 기름에 지진 후 두부 사이에 고기를 넣고 데친 미나리로 묶어 준비한다.
4 전골냄비에 두부를 기준으로 먹기 좋게 썬 다른 부재료들과 함께 올린다.
5 중앙에 불린 당면과 달걀 노른자를 올려 육수를 붓고 중불에 끓인다.

생각해 보기

– 두부에는 올리고당이 많아 장의 움직임을 활성화 하고 소화를 돕는다.

두부김치

따듯하게 데친 두부를 볶은 김치와 곁들여 먹는 것이 특징이며, 만드는 법이 간단하여 술안주로 인기가 좋다. 두부는 리놀산을 함유하고 있어 콜레스테롤을 낮추고 동맥경화 예방에 도움을 준다.

재 료

재료 | 두부 1모, 신김치 1/4포기, 돼지고기(목살 혹은 앞다리살) 150g, 양파 1/2개, 대파 1/4대

양념 | 간장 1T, 고춧가루 1T, 설탕 1T, 참기름 1T

고명 | 검은깨 2g

만드는 방법

1 신김치, 양파, 대파를 돼지고기와 같은 크기로 썰어 준비한다.

2 달군 팬에 들기름을 넣고 양념과 함께 넣어 센불로 볶다가, 약불로 줄여 뚜껑을 덮고 숨을 죽인다.

3 두부를 먹기 좋은 크기로 썰어 뜨거운 물에 데쳐 따듯하게 준비한다.

4 접시에 볶은 김치와 두부를 보기 좋게 올려 검은깨를 뿌려준다.

생각해 보기

– 담백한 두부에 김치 한 조각이면 기능이 떨어진 여름 위장을 튼튼히 한다.

두부두루치기

두부와 돼지고기, 채소를 함께 조리하는 볶음요리이며, 대전지방을 대표하는 음식 중 하나이다. 두부는 리놀산을 함유하고 있어 콜레스테롤을 낮추고 동맥경화 예방에 도움을 준다.

재 료

육수 | 멸치 3마리, 다시마(5cm) 1장, 무 1/4개, 대파 1대, 물 3컵

재료 | 두부 1모, 돼지고기 200g, 양파 1/2개, 대파 1/2대, 홍고추 1개, 청고추 1개, 애호박 1/3개

양념 | 고춧가루 2T, 맛술 1T, 간장 2T, 다진마늘 1T, 소금 약간

만드는 방법

1 육수 재료를 넣고 육수를 끓여 준비한다.
2 달군 팬에 먹기 좋은 크기로 썬 돼지고기 목살을 볶는다.
3 채소 재료를 양념과 함께 넣어 볶는다.
4 육수를 붓고 자작하게 끓인다.
5 마지막에 두부를 넣고 대파를 위에 올려 한소끔 끓인다.

생각해 보기

- 두부를 넣고 저을 때 두부가 깨지지 않도록 주의한다.

산채비빔밥

산채비빔밥에 올리는 재료는 매우 다양하다. 산채나물, 숙주나물, 도라지나물, 당근채볶음, 황·백지단, 소고기볶음, 느타리버섯볶음, 콩나물, 상추, 날달걀, 김가루 등을 지방마다 다르게 얹어 양념 고추장에 비벼서 먹는다.

재 료

재료 | 소고기 100g, 취나물 100g, 고사리 100g, 당근 1/4개, 시금치 100g, 도라지 100g, 달걀 1개, 흰쌀밥 1공기
밑간양념 | 소금 3g, 들기름 1t
간장양념 | 간장 2T, 통깨 소량, 설탕 1T, 참기름 소량, 다진 청양고추 소량, 다진마늘 소량
고명 | 검은깨 2g

만드는 방법

1 채소 재료를 손질한 후 찢거나 채 썰어 준비한다.
2 재료들을 밑간 양념에 각각 버무려 도라지, 당근, 고사리, 취나물, 시금치, 고기 순으로 팬에 볶는다.
3 그릇에 흰쌀밥을 담아 위에 볶은 비빔밥 재료를 보기 좋게 담는다.
4 달걀 프라이를 만들어 중앙에 올려준다.
5 간장양념을 곁들여 상에 낸다.

생각해 보기
- 고추장을 많이 넣으면 나물 고유의 향이 날아가므로 적당량만 넣어 먹는다.

육회비빔밥

육회비빔밥은 날 상태인 육회가 들어가기 때문에, 다른 재료들의 온도를 뜨겁지 않게 해야 한다. 육회는 소의 우둔살이나 홍두깨살을 고르는 것이 일반적이다. 단백질과 필수아미노산이 풍부하고 철분 함량이 많아 빈혈에 도움이 된다.

재 료

재료 | 육회 100g, 느타리버섯 50g, 청포묵 50g, 당근 1/6개, 시금치 80g, 표고버섯 1장, 고사리 80g, 통도라지 1개, 달걀 2개(노른자, 지단용 노른자), 흰쌀밥 1공기

밑간양념 | 소금 3g, 들기름 1t

약고추장양념 | 간 소고기 50g, 고추장 2T, 매실액 1/2T, 다진마늘 1T, 다진파 1T, 통깨 소량

육회양념 | 맛소금 1T, 설탕 1T, 후추 1/2T, 통깨 1T, 참기름 1T, 마늘즙 소량, 잣가루 2g

고명 | 잣 2g, 대추꽃 5g

만드는 방법

1 육회용 고기를 얇게 채 썰어 육회양념에 무쳐 냉장 보관한다.

2 채소 재료를 얇게 채 썰어 각각 밑간하여 준비한다.

3 달군 팬에 채 썬 재료를 볶아 펼쳐 식힌다.

4 그릇에 흰쌀밥을 담아 채소 재료를 동그랗게 담아 중앙에 육회용 고기를 올린다.

5 고기 위에 홈을 살짝 파내어 노른자를 올린 후 옆에 대추꽃과 잣을 고명으로 올린다.

❖약고추장 양념

1 달군 팬에 기름을 넣고 고기를 볶다가 고추장, 매실액, 다진마늘, 다진파, 마늘즙을 넣고 볶는다.

2 잣가루를 넣고 섞어 식혀서 사용한다.

생각해 보기

- 수분 때문에 보관 기간이 짧으며 밀폐된 용기에 냉장 보관하여 약 일주일 내에 섭취하는 것이 좋다.

육전

황해도 지방에서 유래되었고, 이후 차례상에 빠지지 않고 등장한다. 궁중에서 '전유화(煎油化)'라고 칭하였다. 소고기는 단백질과 필수아미노산이 풍부하고 철분 함량이 많아 빈혈에 도움이 된다.

재 료

재료 | 소고기(홍두깨살) 100g, 부침가루, 달걀 1개, 소금 2g, 후추 2g
고명 | 파채 20g, 볶은 콩가루 5g

만드는 방법

1 홍두깨살을 얇게 슬라이스하여 소금, 후추로 밑간을 한다.
2 부침가루를 묻혀 달걀물을 입힌다.
3 달군 팬에 고기를 지진다.
4 완성된 육전을 접시에 담아 콩가루를 뿌려주고 파채를 곁들여 낸다.

생각해 보기
- 너무 오래 익히면 고기의 식감이 질겨진다.

불낙전골

불낙전골의 낙지는 타우린이 풍부하여 피로해소, 신경안정 등에 좋고, 소고기는 단백질 함량이 많아 면역력 향상과 근육에 도움이 된다. 그리고 철분 함량이 높아 빈혈을 예방할 수 있다.

재 료

육수 | 양지 200g, 다시마(5cm) 1장, 무 1/5개, 대파 1/4대, 건고추 20g, 물 5컵, 국간장 1T, 소금 1t

재료 | 한우등심 400g, 낙지 1마리, 대파 1대, 배추잎 4장, 쑥갓 반줌, 느타리버섯 100g, 표고버섯 2장, 두부 1/4모, 팽이버섯 1/4봉지, 새송이버섯 1개, 애호박 1/2개, 당근 1/4개, 홍피망 1개, 불린당면 50g

양념 | 소기름 150g, 고춧가루 4T, 청주 1T, 다진마늘 1T, 고추장 2T, 후춧가루 1t

고기양념 | 간장 2T, 설탕 1T, 다진파 1T, 다진마늘 1/2T, 후추 1t, 참기름 1T

만드는 방법

1 핏물을 뺀 양지를 대파, 통마늘, 무를 넣고 2시간 정도 우려낸다.
2 얇게 저민 등심을 고기양념에 버무려 하루 정도 재운다.
3 채소류를 전골냄비 크기에 맞게 손질하여 준비한다.
4 낙지를 소금과 밀가루를 사용하여 세척한다.
5 전골냄비에 손질한 재료들을 시계방향으로 놓는다.
6 전골냄비 중앙에 당면, 불고기, 낙지, 다대기 순으로 올린다.
7 끓인 육수를 부어 끓인다.

생각해 보기

- 소고기와 낙지는 너무 오래 익히면 식감이 질겨진다.

해물궁중전골

각종 해물이 들어가기 때문에 해물의 손질이 매우 중요하다. 키조개는 날개살, 관자, 꼭지살, 내장으로 나뉜다. 키조개는 입이 벌어지지 않고 껍데기가 단단한 것이 좋다. 관자는 오래 익히면 질겨져 먹기가 불편하다.

재 료

육수 | 멸치 5마리, 다시마 5cm 1장, 무 1/5개, 대파 1/4대, 물 4컵

재료 | 낙지 1마리, 대하 4마리, 쑥갓 반줌, 당근 1/4개, 애호박 1/2개, 키조개 2개(관자·날개살·꼭지살), 생굴 125g, 명태알 150g, 곤이 150g, 무 1/4개, 미나리 100g

양념 | 소기름 150g, 고춧가루 5T, 청주 1T, 다진마늘 1T, 고추장 1t 후춧가루 1t, 천일염 1T, 다진생강 1t, 멸치액젓 1t

고명 | 대추 5g, 은행 5g

만드는 방법

1 육수는 재료를 넣고 육수를 끓인다.
2 낙지를 소금과 밀가루를 사용하여 주물러 세척하고, 키조개는 내장을 제거한 후 관자, 날개살, 꼭지살로 분리한다.
3 채소류를 전골냄비 크기에 맞게 손질하여 준비한다.
4 생굴을 미지근한 소금물에 세척하고 대하의 등쪽 창자를 제거한 후 껍질을 벗긴다.
5 전골냄비에 손질한 재료들을 테두리 쪽부터 순서대로 올려 준비한다.
6 냄비의 가운데에 낙지를 올리고 새우와 키조개, 생굴을 채소 사이사이에 올린다.
7 대추와 은행을 올리고 육수에 양념장을 풀어 냄비에 붓고 끓인다.

생각해 보기

- 육수를 끓일 때 가다랑어포를 함께 넣고 끓이면 풍미가 더욱 좋다.

월과채

당면을 첨가하지 않은 잡채의 일종이다. '월과'는 조선호박을 칭하며 애호박으로 대체하여 사용한다. 호박은 비타민 A의 함량이 높아 소화흡수가 잘되고 부기가 있는 환자에게 좋다.

재 료

재료 | 애호박 1/2개, 소고기(홍두깨살) 20g, 죽순 50g, 당근 1/4개, 숙주 10g, 홍고추 1/2개, 잣가루 15g, 참기름 1T, 소금 소량, 찹쌀가루 1/4컵, 뜨거운 물 2t

고명 | 대추꽃 3g, 검은깨 3g

만드는 방법

1 애호박을 반달 모양으로 썰고 죽순과 당근, 고기도 비슷한 크기로 썰어 각각 달군 팬에 볶는다.
2 홍고추는 채 썰고, 숙주는 데쳐 준비한다.
3 찹쌀가루에 뜨거운 물 2t, 소금을 넣어 익반죽한 후 동그랗게 빚어 팬에 지진다.
4 모든 재료를 잣가루, 참기름, 소금을 넣고 무친다.
5 접시에 담아 고명을 올려서 낸다.

생각해 보기

- 호박을 너무 오래 볶으면 식감이 안 좋아진다.

섭산삼

섭산삼의 '섭'은 두들긴다는 뜻으로 "더덕을 두들겨 만들면 산삼만큼 좋다"라는 뜻을 가지고 있다. 더덕에는 티아민, 단백질, 지질, 당질 등의 성분을 많이 함유하고 있어 항암 예방과 성인병 예방에 좋다.

재 료

재료 | 더덕 3개, 찹쌀가루 1/2컵, 꿀 2T, 소금 0.1t, 잣가루 20g, 튀김용 기름 2컵

만드는 방법

1 더덕을 손질하여 밀대로 두들겨 넓적하게 펴서 준비한다.
2 펴진 더덕을 소금물에 살짝 담가 간을 한다.
3 소금물에 건져 면보로 수분을 제거한 후 찹쌀가루를 골고루 묻혀 160℃ 기름에 노릇하게 튀긴다.
4 튀긴 더덕에 꿀을 발라 잣가루에 굴려 접시에 담는다.

생각해 보기

- 여성에게는 변비의 예방과 치료에 효능이 있어, 건강 식품으로 인기가 좋다.

대게선

'膳(반찬 선)'요리는 한국의 전통요리로 식물성 재료를 주재료로 하는 것과 동물성 재료를 주재료로 사용하는 경우가 있으며, 선의 이름은 주재료에 따라 결정된다(가지선, 호박선, 오이선, 어선 등).

재 료

재료 | 꽃게 2마리, 달걀 2개, 청피망 1개, 홍피망 1개, 석이버섯 5g

만드는 방법

1 꽃게를 게딱지를 분리하여 깨끗이 손질하고, 살을 발라 달걀흰자와 섞어 게딱지 위에 올려 김 오른 찜솥에 20분 정도 쪄내 게살 달걀찜을 만든다.
2 달군 팬에 황·백지단을 부쳐 준비한다.
3 쪄낸 게 위에 황·백지단과 청피망, 홍피망, 석이버섯을 곱게 채 썰어 올린다.
4 접시에 흐트러지지 않게 담아서 낸다.

생각해 보기

– 허약 체질에 좋다(대게는 지방 함량이 적어 맛이 담백할 뿐만 아니라 소화도 잘 된다).

소갈비구이

갈비살은 갈비 안쪽에 붙어있는 고기로, 육질이 부드럽고 지방이 적당하게 있어서 맛이 좋다. 갈비에는 양질의 단백질이 풍부하여 회복기 환자, 산모에게 좋은 음식이다.

재 료

재료 | 소갈비 600g

밑간 | 청주 2T, 설탕 1T, 양파즙 1T, 후춧가루 2g

양념 | 매실액 2T, 배 1/4개, 간장 4T, 설탕 2T, 다진파 2T, 다진마늘 1T, 생강즙 2T, 참기름 1T, 후춧가루 1t

고명 | 잣가루 2g

만드는 방법

1 소갈비에 밑간 양념을 조물조물 버무린다.
2 간장양념을 만들어 반나절 정도 냉장 숙성시킨다.
3 달군 팬에 숙성시킨 갈비를 앞·뒤로 굽는다.
4 접시에 담아 잣가루를 뿌려서 낸다.

생각해 보기

- 건강이 안 좋은 사람은 기름기를 제거하고 먹어야 고지혈증을 예방할 수 있다.

추어튀김

'추어(鰍魚)'는 "가을에 살찌는 고기"를 뜻한다. 생물 분류법에 따르면, 미꾸라지와 미꾸리는 잉어목 미꾸리과에 속하지만 형태와 서식지, 산란기 등의 차이가 있다.

재 료

재료 | 미꾸라지 200g, 생강즙 2T, 소금 0.5t, 후추 2g

튀김 | 달걀 1개, 밀가루 1컵, 전분 5T, 소금 0.5t, 물 1컵

만드는 방법

1 미꾸라지에 소금을 뿌려 해감한 후 밀가루를 뿌려 바락바락 문질러 씻는다.
2 해감을 한 후 후추, 생강즙을 뿌려둔다.
3 끓는 물에 살짝 데쳐 준비한다.
4 튀김 재료를 섞어 튀김옷 농도에 맞게 물을 넣어가며 조절한다.
5 160℃로 예열한 기름에 튀김옷을 입힌 미꾸라지를 튀긴다.
6 노릇하게 색이 나면 건져 타월에 가볍게 기름을 제거한 후 접시에 담아서 낸다.

생각해 보기

- 미꾸리가 많이 잡혔기 때문에 미꾸리를 많이 사용했지만, 최근 추어탕 전문점에서는 성장 속도가 더 빠른 미꾸라지를 쓰는 경우가 많다.
- 미꾸라지는 살이 올라 몸이 통통하고 움직임이 활발한 것이 좋다.
- 가을이 제철이다.
- 소금을 뿌려 해감하고, 밀가루를 뿌려 바락바락 문질러 씻어 점액질을 제거해야 한다.

민물추어탕

원기를 북돋워주는 초가을 음식으로, 여름내 더위 때문에 잃은 원기를 회복시켜 준다. 지역마다 끓이는 법이 다르나, 크게 미꾸라지를 삶아서 으깨어 만드는 법과 통째로 넣어 끓이는 법이 있다.

재 료

재료 | 미꾸라지 400g, 고사리 100g, 얼갈이배추 4장, 대파 2대, 숙주 한줌, 깻잎 4장, 마늘 3쪽

양념 | 된장 3T, 고춧가루 1T, 다진마늘 1T, 간장 1/2T, 생강즙 1T, 들깨가루 4T

만드는 방법

1 미꾸라지에 소금을 뿌려 해감한 후 밀가루를 뿌려 바락바락 문질러 씻는다.
2 깨끗하게 헹궈 끓는 물에 파, 마늘, 미꾸라지를 넣고 약 1시간 정도 끓인다.
3 파, 마늘을 건져 버리고 남은 육수에 미꾸라지를 체에 걸러 내린다.
4 깻잎, 들깨가루를 제외하고 먹기 좋게 썰어낸 채소와 양념을 넣고 한소끔 끓인다.
5 채 썬 깻잎을 위에 올려 들깨가루를 얹어서 낸다.

생각해 보기

- 해감한 후 깨끗이 씻어야 비린내를 방지할 수 있다.

민물도리뱅뱅이

충북 옥천의 향토음식으로, 팬에 돌려 담아 조리하여 '도리뱅뱅이'라고 한다. 단백질과 칼슘이 풍부하며, 여름철에는 피라미, 겨울철에는 빙어로 조리한다. 또한 노화방지와 어린이 성장발육 촉진에 좋다.

재 료

재료 | 민물고기(열빙어 혹은 피라미) 15~20마리, 청주 1T, 밀가루 반컵

양념 | 간장 1T, 고추장 1T, 설탕 1T, 고춧가루 1/2T, 물엿 1t, 다진마늘 1/2T, 생강즙 1t, 참기름 1t, 통깨 1T

고명 | 청고추 1개, 홍고추 1개

만드는 방법

1 민물고기를 세척한 후 청주와 생강즙을 뿌려둔다.

2 타월로 수분을 제거한 후에 밀가루를 적당하게 묻혀 달군 팬에 기름을 예열하여 돌려 담는다.

3 노릇하게 튀겨지면 기름을 따라서 버리고 양념을 골고루 발라 조린다.

4 양념이 조려지면 어슷 썬 고추를 올려 살짝 익힌 후 그릇에 돌려 담아서 낸다.

생각해 보기

- 육질이 연하고 비린내가 거의 나지 않아 남녀노소 즐길 수 있다.

낙지철판구이

낙지는 예로부터 보양음식으로 알려져 왔다. 지방이 거의 없고 타우린과 무기질, 아미노산이 풍부하다. 조혈강장 작용을 하고, 힘이 없을 때 원기를 돋우는 역할을 한다.

재 료

재료 | 낙지 4마리, 양배추 1/4통, 양파 1/2개, 대파 1대, 청양고추 2개

양념 | 고춧가루 4T, 고추장 1T, 간장 3T, 설탕 1T, 청주 1T, 다진마늘 1T, 참기름 1T

고명 | 통깨 2g

만드는 방법

1 낙지에 밀가루를 넣고 주물러 세척하여 뻘을 제거한다.
2 끓는 물에 살짝 데쳐 눈을 제거한 후 채소 재료와 함께 먹기 좋은 크기로 썬다.
3 달군 철판에 기름을 둘러 어슷 썬 파로 향을 낸다.
4 양념에 모든 재료를 버무려 센불에 볶는다.
5 접시에 먹기 좋게 담아 통깨를 뿌려서 낸다.

생각해 보기

- 오래 볶으면 질기기 때문에 센불에 빨리 볶아내야 한다.

족발냉채

족발에 갖은 야채를 올려 겨자소스를 부어서 먹는데 부산에서 유래했다. 냉채란 '차게 하여 먹는 채'라는 뜻을 가지고 있다. 족발은 모유의 분비를 촉진시켜 산모에게 좋은 음식이다.

재 료

재료 | 족발 400g, 당근 1/2개, 홍피망 1개, 청피망 1개, 무 1/4개, 오이 1개, 사과 1/2개, 미나리 반줌, 달걀노른자 1개

겨자소스 | 연겨자 1T, 간장 1T, 식초 1T, 설탕 1T, 다진마늘 1/2T, 매실액 1T

만드는 방법

1 삶아낸 족발을 얇게 썰어 준비한다.
2 채소 재료를 모두 같은 크기로 얇게 채 썬다.
3 접시에 채 썬 채소들의 색이 대비되도록 둘러 담는다.
4 중앙에 족발을 올려 겨자소스를 곁들여 낸다.

생각해 보기

- 장시간 충분히 삶아야 누린내가 나지 않는다.

흑임자손수제비

중국에서는 검은깨인 흑임자를 불로장수의 식품이라 하여 귀중하게 여기고 선약이라 취급했다. 흑임자는 항암효과가 탁월하고 안토시아닌 색소가 함유되어 항산화 작용을 하며 시력 회복에 좋다.

재 료

육수 | 멸치 3마리, 다시마(5cm) 1장, 무 1/4개, 대파 1대, 물 3컵, 국간장 1T, 소금 0.5t
재료 | 감자 1개, 애호박 1/2개, 청양고추 1개, 대파 1/2대
반죽 | 밀가루 2/3컵, 흑임자가루 1/3컵, 달걀 1/2개, 물 1/3컵, 식물성 기름 소량

만드는 방법

1 가루를 체쳐 달걀, 기름을 넣고 물을 나눠 넣어 반죽한다.
2 치대어 반죽한 후 말랑한 반죽이 되면 비닐팩에 넣어 약 30분 정도 냉장숙성을 시킨다.
3 육수 재료를 넣고 끓여 준비한다.
4 채소 재료를 먹기 좋은 크기로 썰어 애호박, 감자를 먼저 육수에 넣고 삶는다.
5 숙성시킨 반죽을 얇게 떼어내어 육수에 넣고 끓여준다.
6 청양고추, 대파를 넣고 한소끔 끓여 마무리한다.

생각해 보기
– 케라틴이 풍부하여 모발의 윤기 강화에도 좋다.

어죽칼국수

생선을 푹 고아 거른다. 어죽은 영양가가 높은 반유동식이어서 노인의 보양음식으로 많이 쓰이며, 주로 도미, 붕어 등을 사용한다. 비린내를 잡기위해 쑥갓, 깻잎, 미나리 등 향이 강한 채소를 넣는다.

재 료

육수 | 둥글레 30g, 된장 1T, 고추장 1T, 물 5컵

재료 | 민물고기(붕어·새우·버들치) 150g, 청양고추 3개, 당귀 1개, 마늘쫑 1줄기, 참나물 20g, 부추 15g, 산초잎 2장, 미나리 4줄기, 소면 50g

만드는 방법

1 민물고기를 소금물에 살짝 담근 후 깨끗이 헹궈 준비한다.
2 채소류를 먹기 좋은 크기로 썰어 준비한다.
3 냄비에 육수 재료를 넣고 민물고기를 넣고 끓인다.
4 민물고기가 익으면 채로 건져 살을 으깨 뼈를 발라준다.
5 준비된 채소와 다진마늘, 고춧가루, 소금, 들깨가루를 넣고 끓인다.
6 끓은 어죽 육수에 국수를 넣고 한소끔 끓인 후, 마지막에 산초를 넣고 들깨가루를 넣고 끓여 준비한다.

생각해 보기

- 생선을 장시간 푹 삶아야 비린내가 나지 않는다.

돌솥비빔밥

열기를 유지하여 다 먹을 때까지 따듯한 상태로 즐길 수 있고, 곱돌솥이 없으면 뚝배기로 이용 가능하며 찬밥을 활용할 수 있다. 비빔밥은 여러 가지 재료가 한 그릇에 골고루 들어 있어 영양가가 높은 음식이다.

재 료

재료 | 소고기 100g, 당근 1/4개, 애호박 1/4개, 시금치 50g, 고사리 50g, 달걀노른자 2알(지단용, 날것), 새싹 소량, 흰쌀밥 한 공기

고기양념 | 간장 1T, 설탕 1/2T, 다진파 1/2T, 다진마늘 1t, 후추 소량, 참기름 1t

고추장양념 | 고추장 1T, 설탕 1t, 배즙 2t, 다진마늘 1t, 참기름 2t

만드는 방법

1 소고기를 가늘게 채 썰고 고사리와 함께 고기 양념한다.
2 당근, 호박, 시금치는 얇게 채 썰어 소금에 살짝 버무려 준비한다.
3 노른자 지단을 얇게 부쳐 채 썬다.
4 달군 팬에 기름을 살짝 둘러 호박, 당근, 시금치, 고사리, 소고기 순으로 볶는다.
5 돌솥 혹은 뚝배기에 흰쌀밥을 담아 가열한 후 재료들을 조화롭게 둘러 담는다.
6 중앙에 노른자 날것을 올려 마무리한다.

생각해 보기

- 나물 고유의 향을 살리기 위하여 고추장은 조금만 넣어 먹는다.

오징어얼큰이칼국수

햇밀이 나는 초여름의 계절음식으로 즐겼다. 오징어는 타우린 함량이 다른 어패류에 비해 2~3배나 많고 단백질이 매우 높다. 그리고 먹물에는 뮤코다당류 등의 세포를 활성화하는 물질이 함유되어 있다.

재 료

육수 | 멸치 5마리, 다시마(5cm) 1장, 무 1/5개, 대파 1/4대, 물 4컵

칼국수면 | 밀가루(중력분) 1/2컵, 물 1.5~2T, 소금 0.1t

재료 | 오징어 1마리(몸통 살과 다리 사용), 대파 1/2대, 양파 1/4개, 당근 1/4개

양념 | 고추장 1T, 고춧가루 1T, 간장 1T, 다진마늘 1T, 후추 소량

만드는 방법

1 육수 재료를 넣고 육수를 끓인다.
2 오징어를 손질하여 육수에 큰 토막으로 살짝 데쳐낸 후 썰어 준비한다.
3 육수를 면보에 걸러 양념을 풀어 끓인다.
4 채소 재료를 채 썰어 육수에 데친 오징어와 함께 넣고 끓인다.
5 면을 넣고 3분 정도 끓여준다.
6 오징어가 잘 보이도록 예쁘게 담아서 낸다.

❖반죽

1 밀가루를 체쳐 소금, 물을 넣고 치대며 반죽한 후 숙성시킨다.
2 숙성된 반죽을 덧가루를 묻혀가며 얇게 밀대로 편다.
3 덧가루 묻히고 세 겹을 겹쳐 접은 후에 반으로 접어 0.3cm 두께로 채 썰어 준비한다.
4 달라붙지 않도록 뭉친 반죽을 살살 털어준다.

생각해 보기

- 산 것이나 싱싱한 것은 회를 하거나 데쳐서 숙회를 하고, 찌개나 구이, 조림 등 다양하게 조리한다.

김치찌개

김치는 카로틴, 식이섬유, 페놀성 화합물과 같은 여러 가지 생리활성 물질들이 함유되어 있어서 항산화, 항암, 고혈압 예방 등에 좋고, 비타민(B_1, B_2, C 등)과 무기질(칼슘, 칼륨 등)이 풍부하고 소화를 도우며 암 예방에 유익하다.

재 료

육수 | 쌀뜨물 6컵, 김칫국물 1컵

재료 | 돼지고기 300g, 신김치 400g, 두부 1/2모, 양파 1/2개, 당근 1/2개, 쑥갓 반줌, 대파 1/2대, 청고추 1개, 홍고추 1개

양념 | 고춧가루 4T, 국간장 1T, 진간장 1T, 매실액 1T, 고춧가루 1T, 다진마늘 1T, 후추 소량

고명 | 검은깨 2g

만드는 방법

1 신김치를 먹기 좋은 크기로 썰어 냄비에 볶는다.
2 두툼하게 썬 고기를 넣고 함께 볶는다.
3 고기가 어느 정도 익으면 육수 재료와 양념 재료를 넣고 끓인다.
4 찌개가 끓으면 채소 재료를 먹기 좋은 크기로 썰어 넣고 두부가 익을 때까지 끓인다.
5 두부 위에 검은깨를 올려 마무리한다.

생각해 보기

- 신김치로 만드는 것이 최적이다. 물을 처음부터 넣고 끓이면 김치가 물러 맛이 덜하다.

묵은지등갈비전골

김치는 유산균이 풍부하여 소화가 잘되고 장을 깨끗하게 한다. 또한 발효된 형태인 묵은지의 경우 뇌기능과 혈압조절에도 좋다. 그러나 염분이 많아 지나치게 먹을 경우 고혈압이나 위염을 발생시킬 수 있으므로 밥과 함께 먹는 것이 좋다.

재 료

육수 | 쌀뜨물 4컵, 김칫국물 1/2컵

재료 | 등갈비 600g, 묵은지 400g, 두부 1/2모, 대파 1/2대, 홍고추 1개, 청고추 1개, 팽이버섯 1/4봉

양념 1 | 다진마늘 1T, 매실액 1T, 진간장 4T, 김칫국물 1/2컵, 생강즙 2T

양념 2 | 국간장 1t, 설탕 1t

만드는 방법

1 등갈비를 찬물에 담가 1시간 정도 핏물을 빼준다.
2 냄비에 등갈비가 잠길 정도의 물을 부어 된장 한 큰술을 풀고 삶아준다.
3 묵은지는 자르지 않고 다른 채소 재료들을 먹기 좋은 크기로 손질한다.
4 삶아낸 등갈비를 물에 헹궈 전골냄비에 채소와 함께 담고 묵은지를 올려 끓여준다.

생각해 보기

- 묵은지는 최대한 익은 묵은지를 사용해야 맛이 좋다.

누룽지한방삼계탕

지방질과 핏물을 제거해야 불순물이 떠오르는 것을 줄일 수 있다. 찹쌀은 부피가 늘어나므로 70~80% 정도로만 채운다. 삼계탕의 부재료인 인삼은 우리나라 대표적인 한약재로 피로회복, 항암, 자양강장 등의 효능이 있다.

재 료

육수 | 엄나무 30g, 황기 15g, 오가피 15g, 당귀 5g, 오미자 5g, 계피 2g, 통생강 20g, 통후추 10g, 닭진골 100g, 닭발 300g, 대파 1/2대, 물 8컵

재료 | 영계 1마리, 통마늘 7쪽, 찹쌀 1컵, 수삼 1뿌리, 밤 2알

간 | 소금 0.5t, 후추 2g, 대파 슬라이스 5g

고명 | 누룽지(밥 1/2공기, 물 1T)

만드는 방법

1 찹쌀을 1시간 정도 불린 후 물기를 빼둔다.
2 닭 안쪽에 지방질을 제거하고 고여있는 핏물을 긁어 빼낸다.
3 안쪽까지 깨끗이 헹궈 찹쌀, 통마늘, 밤을 채워 이쑤시개를 끼워 봉합한 후 다리를 꼬아 묶는다.
4 냄비에 간과 고명을 제외한 모든 재료를 넣고 강불에 5분 정도 끓인다.
5 약불로 줄여 8분 정도 끓인 후 한방재료를 걸러 버린다.
6 다시 중불에 3분, 약불에 5분 정도 끓인다.
7 그릇에 담아 기호에 맞게 소금, 후추로 간하여 파, 누룽지를 올려서 낸다.

누룽지

1 숟가락에 물을 묻혀가며 팬에 밥을 펴준다.
2 약한 불로 한 면만 타지 않게 노릇노릇 구워지도록 굽는다.

생각해 보기

- 인삼 : 수삼, 홍삼을 통칭하는 용어. 금산은 인삼으로 가장 유명하다.
- 수삼 : 수삼은 인삼 자체를 가공하지 않고 흙과 이끼가 남아있는 상태이다. 수분이 70%가 함유되어 오랜 시간 저장하기엔 적합하지 않다.
- 백삼 : 수삼을 껍질을 벗기지 않고 햇볕에 말려낸 것이며 건삼이라고도 한다.
- 홍삼 : 수삼을 껍질을 벗기지 않고 수증기에 쪄낸 것. 말리거나 물에 삶는 것보다 사포닌 함량이 월등히 높다. 천삼, 지삼, 양삼 등으로 나뉜다.
- 황기 : 콩과에 속하는 다년생 초본식물. 산지에서 자라며 높이가 1m에 달하고 전체에 잔털이 있다. 뿌리는 약재로 이용하는데, 민간에서는 닭에 이 약을 넣고 달여 먹으면 식은 땀을 흘리지 않고 체력이 증강된다고 한다.
- 당귀 : 대표적인 약용 식물이다. 예전에는 산에서 채취했으나 최근에는 많이 재배한다. 당귀 뿌리와 잎에서 퍼지는 은은한 한약냄새를 즐기고 건강 쌈 채소로 잎을 많이 이용한다.
- 엄나무 : 엄나무는 보통 속껍질이나 뿌리를 이용하여 술을 담그거나 약재로로 사용한다. 한방에서는 관절염 등에 효과가 탁월하다 하여 한방 재료로 많이 사용된다.
- 오가피 : 오가피는 두릅나무에 속한 낙엽관목인 오갈피의 뿌리껍질을 건조한 것이다.
- 오미자 : 오미자나무의 열매로 지름 약 1cm의 짙은 붉은 빛깔이다. 단맛, 신맛, 쓴맛, 짠맛, 매운맛을 느낄 수 있어 오미자라고 불린다.

녹두삼계탕

녹두를 불리고 씻으면 잘 으스러져 불리기 전에 씻는 것이 좋으며, 녹두와 찹쌀의 비율은 2:1이 좋다. 녹두는 더위를 먹거나 변비가 심한 경우에 좋으며, 낟알이 실하고 고른 것, 녹색빛이 진하면서 갈색 낟알과 섞인 것이 좋다.

재 료

육수 | 엄나무 30g, 황기 15g, 오가피 15g, 당귀 5g, 통생강 20g, 통후추 10g, 닭진골 100g, 닭발 300g, 대파 1/2대, 물 8컵

재료 | 영계 1마리, 통마늘 7쪽, 녹두 1컵, 찹쌀 1/2컵, 수삼 1뿌리, 밤 2알

간 | 소금 0.5t, 후추 2g, 대파 슬라이스 5g

만드는 방법

1 녹두를 여러 번 씻어 불리지 않고 1시간 20분 정도 삶아 사용한다.
2 찹쌀을 1시간 정도 불려 사용한다.
3 닭 안쪽에 지방질을 제거하고 고여 있는 핏물을 긁어 빼낸다.
4 안쪽까지 깨끗이 헹궈 녹두, 찹쌀, 통마늘, 밤을 채워 이쑤시개를 끼워 봉합한 후 다리를 꼬아 묶는다.
5 냄비에 간을 제외한 모든 재료를 넣고 강불에 5분 정도 끓인다.
6 약불로 줄여 8분 정도 끓인 후 한방 재료를 걸러 버린다.
7 다시 중불에 3분, 약불에 5분 정도 끓인다.
8 그릇에 담아 기호에 맞게 소금, 후추로 간하고 가라앉은 녹두와 슬라이스한 파를 올려서 낸다.

생각해 보기

- 녹두를 너무 오래 삶으면 으스러지기 때문에 시간을 준수하는 게 좋다.

한방삼계탕

지방질과 핏물을 제거해야 불순물이 떠오르는 것을 줄일 수 있다. 삼계탕의 부재료인 인삼은 우리나라 대표적인 한약재로 피로회복, 항암, 자양강장 등의 효능이 있다.

재 료

재료 | 영계 1마리, 통마늘 7쪽, 찹쌀 1컵, 수삼 1뿌리, 밤 2알

간 | 소금 0.5t, 후추 2g, 대파 슬라이스 5g

육수 | 엄나무 30g, 황기 15g, 오가피 15g, 당귀 5g, 오미자 5g, 계피 2g, 통생강 20g, 통후추 10g, 닭진골 100g, 닭발 300g, 대파 1/2대, 물 8컵

만드는 방법

1 찹쌀을 1시간 정도 불린 후 물기를 빼둔다.
2 닭 안쪽에 지방질을 제거하고 고여있는 핏물을 긁어 빼낸다.
3 안쪽까지 깨끗이 헹궈 찹쌀, 통마늘, 밤을 채워 이쑤시개를 끼워 봉합한 후 다리를 꼬아 묶는다.
4 냄비에 간과 고명을 제외한 모든 재료를 넣고 강불에 5분 정도 끓인다.
5 약불로 줄여 8분 정도 끓인 후 한방 재료를 걸러 버린다.
6 다시 중불에 3분, 약불에 5분 정도 끓인다.
7 그릇에 담아 기호에 맞게 소금, 후추로 간하여 파, 누룽지를 올려서 낸다.

생각해 보기

- 닭 안쪽에 지방질과 핏기를 깨끗이 씻어내야 맑은 국물이 나온다.

능이흑마늘삼계탕

능이의 향이 매우 강해 사용 전 데쳐서 사용하는 것이 좋다. 능이버섯은 칼로리가 낮고 섬유소가 풍부하여 다이어트식으로 활용해도 좋다.

재 료

육수 | 엄나무 30g, 황기 15g, 오가피 15g, 당귀 5g, 통생강 20g, 통후추 10g, 닭진골 100g, 닭발 300g, 대파 1/2대, 물 8컵

재료 | 영계 1마리, 통마늘 7쪽, 찹쌀 1컵, 수삼 1뿌리, 밤 2알, 능이버섯 2장

간 | 소금 0.5t, 후추 2g, 대파 슬라이스 5g

만드는 방법

1 찹쌀을 1시간 정도 불린 후 물기를 빼둔다.
2 닭 안쪽에 지방질을 제거하고 고여 있는 핏물을 긁어 빼낸다.
3 능이를 끓는 물에 살짝 데쳐내어 쓴맛을 없애주고 먹기 좋은 크기로 썰어 준비한다.
4 안쪽까지 깨끗이 헹궈 찹쌀, 통마늘, 밤을 채워 이쑤시개를 끼워 봉합한 후 다리를 꼬아 묶는다.
5 냄비에 간을 제외한 모든 재료를 넣고 강불에 5분 정도 끓인다.
6 약불로 줄여 8분 정도 끓인 후 한방 재료를 걸러 버린다.
7 다시 중불에 3분, 약불에 5분 정도 끓인다.
8 그릇에 담아 기호에 맞게 소금, 후추로 간하여 파와 능이버섯이 보이도록 올려서 낸다.

생각해 보기

- 소화불량을 치유하는 기능을 갖는다(능이버섯은 한방에서 혈액을 맑게 하고 심신을 안정시킨다. 단백질 분해 성분이 다량으로 함유되어 있어 육류를 먹고 체했을 때 효과가 크다).

한방닭백숙

보통 닭백숙은 맹물에 다른 부가 재료를 넣지 않고 통째로 삶아낸다. 닭뿐만이 아니라 말, 도미, 돼지, 소 등 모두 백숙 재료로 사용할 수 있다. 삼계탕은 어린 햇닭의 내장을 빼내어 인삼, 대추, 찹쌀 등을 넣어 고아 만드는 것이다.

재 료

육수 | 엄나무 50g, 황기 30g, 오가피 30g, 당귀 10g, 오미자 10g, 계피 5g, 통생강 50g, 통후추 10g, 대파 1/2대, 물 12컵

재료 | 토종닭 1마리, 마늘 7쪽, 찹쌀 2컵, 수삼 1뿌리, 밤 2알, 대추 2알, 육수주머니(찹쌀용) 1개

간 | 소금 0.5t, 후추 2g

고명 | 노른자 지단 10g, 대파 슬라이스 10g

만드는 방법

1 찹쌀을 1시간 정도 불린 후 물기를 빼고 다시백에 담아 준비한다.
2 닭 안쪽에 지방질을 제거하고 고여 있는 핏물을 긁어 빼낸다.
3 냄비에 모든 재료를 담아 끓어오르면 중불로 줄여 닭이 푹 익을 수 있도록 40분 정도 더 끓인다.
4 푹 익은 찹쌀을 다른 냄비에 건져내어 육수를 두배 정도로 붓고 뭉근하게 죽을 끓인다.
5 육수 재료를 건져 버리고 중약불에 닭을 10~15분 정도 더 끓인다.
6 깊은 접시에 육수와 함께 담아 수삼, 대추, 밤이 잘 보이도록 담고 위에 고명을 올린다.
7 찹쌀죽은 닭 밑에 깔거나 다른 접시에 담아서 낸다.
8 찹쌀 1컵 분량으로 고슬하게 밥을 지어 다시 얇게 누룽지를 만들고, 찹쌀죽에 함께 넣어 끓이면 누룽지의 구수한 맛을 더할 수 있다.

생각해 보기

- 닭 안쪽에 지방질과 핏기를 깨끗이 씻어내야 맑은 국물이 나온다.

해신탕

바다의 신이 즐겨먹었다고 하여 '해신탕'이라는 이름이 붙여졌으며, 해산물을 넣은 여름철 보양식이다. 삼계탕을 먹으면 몸에 열이 오르는 경우가 있는데, 찬 성질의 전복과 고단백의 낙지를 함께 끓여 먹으면 중화된다.

재 료

육수 | 황기 15g, 오가피 15g, 당귀 5g, 통생강 30g, 통후추 5g, 대파 1/2대, 물 8컵
재료 | 영계 1마리, 낙지 1마리, 전복 2마리, 새우 3마리, 통마늘 5쪽, 밤 2알, 대추 2알, 찹쌀 1컵
간 | 소금 1t, 후추 2g

만드는 방법

1 찹쌀을 1시간 정도 불려 준비한다.
2 낙지에 밀가루를 뿌려 바락바락 씻어내어 빨판을 제거한다.
3 전복을 솔로 문질러 깨끗이 씻어내어 이빨을 제거한다.
4 닭 안쪽에 지방질을 제거하고 고여 있는 핏물을 긁어 빼내 불린 찹쌀을 채워 봉한다.
5 해산물을 제외한 모든 재료를 넣고 30~40분 정도 끓인다.
6 육수 재료를 건져 버린 후 해산물을 넣고 7분 정도 익혀 완성한다.
7 접시에 모든 재료들이 잘 어우러지게 담아서 낸다.

생각해 보기

- 해산물을 너무 오래 삶으면 식감이 질겨지기 때문에 시간에 유의한다.

닭볶음탕

닭매운찜이라고도 한다. 닭을 먹기 좋게 도막내어 냄비에 넣고, 매운 양념장과 고루 버무려 끓여 낸 닭고기 요리이다. 탕과 찜의 중간 형태로 조림에 더 가깝고, 한국의 전통요리 가운데 하나이며 지역에 따라 조금씩 요리법이 다르다.

재 료

재료 | 닭 1마리(900g), 감자 1개, 양파 1/2개, 청양고추 1개, 팽이버섯 1/4봉

양념 | 고춧가루 3T, 콜라 3T, 설탕 2T, 후추 1t, 고추기름 1T, 다진마늘 2T, 참기름 1t, 다진파 1T, 고추장 2T, 간장 1T

고명 | 황지단 10g, 대파 1/2대, 통깨 2g

만드는 방법

1 닭을 부위별로 토막내어 지방질을 제거하고 고여있는 핏물을 긁어 빼낸다.
2 팬에 기름을 둘러 손질한 닭의 겉면을 노릇노릇하게 지져낸다.
3 양념장에 지져낸 닭을 버무려 냄비에 물과 설탕, 다진마늘, 채소 재료를 넣고 끓인다.
4 양념이 자작해지고 감자와 닭이 충분히 익으면, 접시에 담아 고명을 올려서 낸다.

생각해 보기

- 감자를 너무 오래 익히면 으깨지기 쉽기 때문에 유의해야 한다.

오색견과류강정

견과류를 섭취하면 두뇌발달, 노화방지, 탈모예방 등의 효과가 있다. 10대 건강 식품 중 하나로 에너지 급원 식품으로, 병을 앓고 난 회복기 환자의 기력을 돕고 가래, 기침을 삭히며 기관지를 보호해준다.

재 료

견과 | 땅콩 20g, 호박씨 20g, 검은깨 20g, 참깨 20g, 들깨 20g

공통재료 | 물엿(혹은 설탕) 40g, 물 40㎖, 쌀조청 30g, 식용유 소량

만드는 방법

1 마른 팬에 견과류를 약불에 바삭해질 때까지 살살 볶아낸다.
2 다른 냄비에 물엿 혹은 설탕을 물과 함께 넣고 끓여 시럽을 만들어준다.
3 시럽이 끓으면 조청을 넣고 부풀어 오를 때까지 끓인 후 각 견과 재료를 넣고 섞어준다.
4 식용유를 함께 넣어 틀에 붙지 않도록 한다(*계속 약불을 유지한다).
5 가느다란 실이 생기면 불을 끈 후 틀에 담아 밀대로 얇게 펴준다.
6 한 김 식힌 후 살짝 말랑할 때 모양에 맞게 썬다
7 접시에 색깔별로 담는다.

생각해 보기

- 검은깨와 통깨는 타기 쉬우므로 주의한다.

갈비탕

예전에는 물과 갈비만으로 담백하게 끓였다면, 요즘은 대추, 황기 등을 넣어 한약재 향이 물씬 풍기는 게 특징이다. 사골이나 꼬리곰탕은 새로 물을 부어가며 여러 번 우려내지만, 갈비탕은 고기의 맛이 딱 좋을 만큼만 끓이는 것이 좋다.

재 료

삶는물 | 생강 2쪽, 통후추 5g, 된장 1T, 대파 1/2대, 황기 15g
재료 | 소갈비 2대, 대추 2개, 불린당면 20g, 대파 10g, 인삼 1뿌리
간 | 다진마늘 1t, 후춧가루, 참기름 1t, 간장 1T, 소금 소량
고명 | 황지단 10g

만드는 방법

1 찬물에 갈비를 담궈 핏물을 뺀다.
2 핏물을 제거한 소갈비를 삶아 찬물에 깨끗이 씻는다.
3 삶은 물 재료를 냄비에 끓여, 깨끗이 씻은 갈비와 부재료를 넣고 끓인다.
4 생강, 황기를 건져내고 그릇에 담아 황지단을 올려서 낸다.

생각해 보기

– 핏물을 확실히 빼야 맑은 국물이 나오고, 오랜 시간 끓여 고기가 부드러운 게 특징이다.

냉이곱창전골

전골은 원래 궁중음식으로, 음식상 옆에 화로를 놓고 그 위에 전골틀을 올려 화로와 음식이 결합된 전통음식이다. 즉석에서 먹을 수 있어 맛은 물론 영양까지 살려내는 품격 있는 요리로, 만드는 재미와 먹는 재미 모두를 즐길 수 있다.

재 료

재료 | 소곱창 3줄, 냉이 반줌, 청경채 30g, 대파 20g, 새송이버섯 반쪽, 당근 30g, 불린당면 한줌, 청양고추 1개, 식초 반컵

양념 | 고추장 1T, 고춧가루 1T, 된장 1T, 간장 1T, 청주 1T, 다진마늘 1T, 다진생강 0.5T, 후추 소량

삶기재료 | 된장 1T, 생강 1개, 청주 1T, 물 5컵

고명 | 황지단 10g, 검은깨 2g

만드는 방법

1 곱창을 식초물에 주물러 여러 번 세척한 후 곱이 빠지지 않게 매듭을 짓는다.
2 냄비에 삶기 재료를 넣고 1시간 정도 삶는다.
3 곱창을 차게 식혀 양념 재료를 넣고 버무려 준비한다.
4 전골냄비에 냉이를 제외한 채소 재료를 먹기 좋게 썰어 올리고 양념된 곱창을 올린다.
5 불린 당면을 중앙에 얹어 달걀 노른자를 올려 끓인다.
6 채소가 거의 익으면 냉이를 올리고 검은깨를 뿌려 상에 낸다.

생각해 보기

- 곱창을 씻을 때 너무 세게 문지르면 곱창이 터질 수 있다.

낙지곱창전골

낙지와 소곱창, 새우를 넣어 매콤하게 볶아낸 낙곱새로, 부산에서 유명하다. 1970년대 초 남포동 국제시장에서 시작했으며 낙곱, 불낙곱, 불낙새 등의 형태로 다양하게 퍼져 있다.

재 료

재료 | 소곱창 2줄, 낙지 1마리, 냉이 반줌, 대파 20g, 새송이버섯 반쪽, 당근 30g, 불린당면 한줌, 청양고추 1개, 식초 반컵

양념 | 고춧가루 3T, 멸치액젓 1T, 표고버섯가루 1t, 매실액 1t, 간장 1T, 청주 1T, 다진마늘 1T, 다진생강 0.5T, 후추 소량

삶기재료 | 된장 1T, 생강 1개, 청주 1T, 물 5컵

만드는 방법

1 곱창을 식초물에 주물러 여러 번 세척한 후 곱이 빠지지 않게 매듭을 짓는다.
2 냄비에 삶기 재료를 넣고 1시간 정도 삶는다.
3 곱창을 차게 식혀 양념 재료를 넣고 버무려 준비한다.
4 낙지를 밀가루에 바락바락 씻어 빨판을 제거하여 준비한다.
5 전골냄비에 냉이를 제외한 채소 재료를 먹기 좋게 썰어 올리고, 양념된 곱창을 나눠 올린다.
6 불린 당면을 중앙에 얹고 낙지를 올려 끓인다.
7 채소가 거의 익으면 냉이를 올려 상에 낸다.

생각해 보기

- 곱창을 씻을 때 너무 세게 문지르면 곱창이 터질 수 있다.

갈비찜

갈비는 '늑골' 을 뜻한다. 소의 갈비는 '가리' 라고도 하며, 핏물을 충분히 제거한다. 빠르게 삶아내면 단단하여 뼈를 바르기 불편하므로, 오랜 시간 삶아내야 고기의 육질이 부드러워진다.

재 료

재료 | 소등갈비 600g, 대추 3개, 팽이버섯 1/6봉지, 당근, 청양고추 1/2개

양념 | 간장 6T, 흑설탕 3T, 백물엿 3T, 배 1/2개, 양파 1/2개, 다진마늘 1T, 다진생강 1t, 다진마늘 1T, 참기름 1T, 청주 1T, 후춧가루 소량

삶기재료 | 통마늘 3쪽, 생강 1개, 청주 1T, 물 1,000㎖

부추무침 | 부추 반줌, 고춧가루 1T, 간장 2t 설탕 2t, 참기름 1t, 식초 2t, 다진마늘 0.5T

고명 | 통깨 2g

만드는 방법

1 등갈비 잡내 제거를 위해 삶기 재료와 함께 5분 정도 데쳐 사용한다.
2 양념 재료를 갈거나 다져 섞는다.
3 채소 재료를 먹기 좋은 크기로 썰어 준비한다.
4 갈비가 잠길 정도로 물을 붓고 함께 끓인다.
5 고기가 익고 양념이 자작하게 조려지면, 접시에 담아 부추 무침과 통깨를 올려서 낸다.

❖부추무침

1 부추를 6cm 길이로 썬다.
2 양념 재료에 골고루 버무린다.

생각해 보기

- 양념이 갈비에 스며들도록 조려주는 것이 중요하다.

돼지등뼈감자탕

돼지등뼈에는 단백질, 칼슘, 비타민이 풍부하다. 돼지등뼈는 비교적 저렴하여 부담없이 먹을 수 있으며, 하룻밤 정도 찬물에 담가 핏물과 냄새를 제거하는 것이 좋다.

재 료

재료 | 돼지등뼈 1.2kg, 양파 1개, 우거지 670g, 감자 1개, 대파 1대, 깻잎 10장, 들깨가루 1t

양념 | 대파 1대, 된장 4T, 국간장 2T, 새우젓 1T, 청주 2T, 고춧가루 2T, 생강즙 2T, 마늘 1T, 후춧가루 소량

만드는 방법

1 돼지등뼈를 물에 넣고 청주, 된장을 풀어 30분 정도 삶는다.
2 깨끗한 물에 씻어 2차로 물, 양파, 대파, 청주를 붓고 끓인다.
3 우거지를 깨끗이 씻어 물기를 짜내 양념 재료를 넣고 버무린다.
4 깻잎, 감자를 먹기 좋은 크기로 썰어 준비한다.
5 등뼈를 푹 삶아내고 모든 재료를 넣고 함께 끓인다.
6 그릇에 담아 들깨가루를 올려서 낸다.

생각해 보기

- '감자탕'이란 이름은 돼지등뼈에 든 척수를 '감자'라 한다는 데서 유래했다는 설과, 돼지등뼈를 부위별로 나눌 때 감자뼈라는 부분이 있는데 이것을 넣어 끓였다고 해서 '감자탕'이라 했다는 설이 있다.

라이스페이퍼연어말이

라이스페이퍼에 채 썬 채소와 마요네즈, 훈제연어, 파마산치즈를 묻혀 돌돌 말아 된장소스를 곁들인 연어말이로 EPA, DHA 등 오메가-3 지방산이 함유되어 있다. 고혈압, 동맥경화, 심장병, 뇌졸중 등 혈관질환을 예방한다.

재 료

재료 | 라이스페이퍼 3장, 양상추 30g, 적양파 20g, 훈제연어 80g, 마요네즈 20g, 파마산치즈가루 20g

된장소스 | 된장 3T, 고춧가루 1T, 땅콩가루 1T, 올리고당 2T

만드는 방법

1 적양파를 얇게 채 썰고, 훈제연어를 작게 큐브로 썬다.

2 불린 라이스페이퍼 위에 채 썬 양파와 양상추, 훈제연어를 얹어 파마산치즈와 마요네즈를 뿌려 돌돌 말아준다.

3 말아낸 롤을 반으로 썰어 단면이 보이게 담는다.

4 롤의 윗부분에 된장소스를 뿌려 색감을 더해준다.

5 라이스페이퍼는 잘 부서지므로 뜨거운 물에 불려 사용한다.

❖된장소스

1 된장, 고춧가루, 땅콩가루, 올리고당을 블랜더에 넣어 갈아준다.

생각해 보기

- 라이스페이퍼를 뜨거운 물에 제대로 불려야 식감이 좋다.

고추장닭갈비와 계절채소

고추장양념 닭다리살을 석쇠에 구워내 씨겨자소스를 곁들인 샐러드 채소와 함께 담아낸 요리로, 고추장양념이 타지 않게 잘 구워주어야 한다.

재 료

재료 | 닭갈비살 400g
양념 | 고추장 3T, 간장 1T, 고춧가루 2T
샐러드 | 참나물잎 20g, 적양파채 20g
씨겨자소스 | 씨겨자 20g, 올리브오일 15㎖, 레몬주스 5㎖, 소금 소량, 후추 소량

만드는 방법

1 뼈를 손질한 닭다리살을 사용한다.
2 손질한 닭을 얇게 저민다.
3 저민 닭을 깨끗이 씻어 물기를 제거한 후 고추장양념을 만들어 재워놓는다(약 2시간 숙성한 후 사용).
4 재워놓은 닭을 석쇠에 올려 중불에 타지 않게 굽는다.
5 양파채와 참나물잎을 곁들여 닭과 함께 담아 낸다.

❖씨겨자 소스

1 씨겨자와 레몬주스, 소금, 후추를 넣고 핸드블렌더에 갈아주고 올리브오일을 조금씩 첨가하며 곱게 갈아준다.

생각해 보기

- 닭 비린내를 제거하기 위해 손질 시 지방을 제거하여 청주와 우유에 담가두었다가 사용하는 것이 좋다.
- 1960년대 춘천 선술집의 술안주였던 '닭 불고기'를 시초로 현재 대중적인 한식 메뉴 중 하나로 자리 잡았다.

흑마늘갈비

흑마늘 향을 더해 돼지고기와 간장소스로 맛을 낸 흑마늘 떡갈비이다. 흑마늘은 고지혈증과 동맥경화 예방에 좋고 소화불량, 종기에 효과적이다.

재 료

재료 | 돼지고기 400g
양념 | 마늘 10g, 간장 2T, 설탕 1T ,흑마늘 10g, 생강 4g
고명 | 잣가루 2g

만드는 방법

1 얇게 저민 돼지고기와 갈은 마늘, 흑마늘, 생강, 간장, 설탕을 함께 반죽하여 모양을 잡는다.
2 모양을 잡고 비닐로 감싸 냉동실에 하루 정도 얼린다.
3 굽기 2시간 전에 꺼낸다.
4 해동된 떡갈비를 석쇠에 구워 담는다.
5 잣가루를 고명으로 올린다.

생각해 보기
- 편리를 위해 다짐육을 구매하는 것도 좋다.
- 양파와 마늘은 최대한 얇게 다져야 식감이 좋다.

대하선버터구이

대하는 성장발육, 피부미용(건강기능성 식품인 키토산은 지방의 침착을 방지하고 몸 밖으로 불순물의 배출을 촉진시켜 혈액 내 콜레스테롤 수치를 낮추는 역할을 한다)에 도움을 준다.

재 료

재료 | 대하 4마리, 고구마 20g, 호박 20g, 감자 20g, 청·홍 파프리카 20g, 슈레드치즈 20g, 생모짜렐라치즈 20g, 레몬슬라이스 2개

만드는 방법

1 대하를 배를 갈라 펼친 후 살을 두드려 편다.
2 준비된 대하에 정종, 소금, 후추를 뿌려 숙성한다.
3 감자, 고구마, 단호박을 쪄서 함께 으깬다(슈레드치즈를 함께 넣는다).
4 청·홍 파프리카를 사각형으로 다져 썰어 으깬 재료에 넣는다.
5 대하 위에 위 재료를 얹고 팬에 올려 뚜껑을 덮어 굽는다.
6 대하가 거의 익어갈쯤 생 모짜렐라치즈를 올려 치즈가 녹을 때까지 굽는다.
7 그릇에 담아낼 때 레몬슬라이스를 곁들여 낸다.

생각해 보기

- 대하는 맑은 색을 띄며 무르지 않고 단단한 것, 머리와 꼬리가 단단히 붙어있는 것, 검은색으로 변색되지 않은 것을 고른다.

낙지볶음

낙지는 조혈강장, 원기회복(지방은 거의 없고 타우린과 무기질과 아미노산이 듬뿍 들어 있어 조혈강장 작용을 하고 힘이 없을 때 원기를 돋우는 역할을 한다)에 도움을 준다.

재 료

재료 | 낙지 400g, 당근 30g, 양배추 30g, 대파 20g, 양파 40g, 청양고추 15g
양념 | 고추장 3T, 간장 1T, 토마토홀통조림 1T
고명 | 파채 10g, 깻잎 10g

만드는 방법

1 낙지를 물에 살짝 데친다.
2 당근, 양배추, 대파, 양파, 청양고추를 먹기 좋은 크기로 썬다.
3 낙지와 마늘을 먼저 팬에 볶다가 채소를 나중에 넣어 함께 볶는다.
4 준비된 양념을 넣어 센불에 타지 않게 볶는다.
5 접시에 담아 얇게 채 썬 파채와 깻잎을 올려 향을 더한다.

생각해 보기
– 낙지 양념은 조리하기 직전에 하는 것이 낙지가 질겨지는 것을 방지한다.

들깨샐러드

신선한 잎채소와 들깨 드레싱을 사용한 한식 들깨샐러드이다. 들깨는 비타민 E 성분이 있어 항산화 작용을 하고, 다량 함유된 오메가3 지방산이 신경기능을 촉진시켜 치매를 예방한다.

재 료

샐러드 잎채소 | 양상추 40g, 라디치오 20g, 치커리 10g, 베이비순 10g, 비트채 10g 등
(이외에 다른 것을 추가하여 사용할 수 있다.)

드레싱 재료 | 들깨 20g, 배 20g, 양파 10g, 파인애플 20g

만드는 방법

1 잎 채소류를 흐르는 물에 깨끗이 세척 후 한 입 크기로 썰어 체에 받쳐 물기를 빼놓는다.

2 접시에 담아 들깨드레싱을 올려준다.

❖들깨드레싱

1 드레싱 재료를 모두 블랜더에 넣고 곱게 갈아준다.

생각해 보기

- 들깨의 고소함이 신선한 샐러드 채소와 건강샐러드로 궁합이 잘 맞다.

활전복버터구이

전복은 살이 통통하게 찌고 탄력이 좋은 것이 싱싱함의 기준이며 수분 함량이 많고 비타민과 칼슘, 인 등의 미네랄이 풍부하다. 아르기닌이라는 아미노산이 풍부하다.

재 료

재료 | 전복 2마리, 버터 30g, 아스파라거스 50g, 소금 소량, 은행 10g, 마늘 5g

만드는 방법

1 전복을 내장을 제거한 후 칼집을 내어 준비한다.
2 달군 팬에 버터를 녹여 전복, 마늘, 아스파라거스, 은행을 각각 굽는다.
3 접시에 전복과 부재료들을 조화롭게 낸다.

생각해 보기

- 봄철에 나는 전복에는 독소가 있을 수 있어 봄에 섭취 시 주의해야 한다.
- 여름 전복이 가장 맛이 좋으며, 겨울 전복은 살이 말라 맛이 떨어진다.
- 전복은 찬 성질이 있어 열을 가진 사람에게 좋다.

산양삼과 호두곶감말이

곶감 안에 호두를 넣어 말아낸 영양 간식이다. 호두는 콜레스테롤 수치를 낮추어 고혈압, 동맥경화에 효과가 크고 비타민 B_1, 무기질이 노화를 방지한다.

재 료

재료 | 호두 50g, 곶감 200g, 산양삼 30g

만드는 방법

1 곶감의 씨를 제거하여 얇게 펴준다.
2 호두를 마른 팬에 볶아 열기를 뺀 후 얇게 핀 곶감으로 감싸 말아준다.
3 랩이나 비닐로 조금 더 단단히 감싸준 후 냉동에 3시간 정도 굳혀 일정한 크기로 썰어준다.
4 영양이 풍부한 산양삼을 곁들인다.

생각해 보기

- 기호에 따라 크림치즈, 다른 견과류를 넣어 응용할 수 있다.

참고문헌

[단행본]

강경심 외(2018). 한국음식의 맛과 멋, 창지사.

김덕희 외(2007). 한국음식의 맛, 백산출판사.

________(2008). 한식조리 조리기능장 실기, 백산출판사.

________(2018). 고급 한국요리, 지구문화.

안종철(2012). 한식세계화를 위한 한국요리, 지구문화.

이지호 외(2007). 손맛으로 배우는 한국음식, 광문각.

정순영 외(2013). 고급 한국전통음식, 백산출판사.

정영숙(2005). 우리식품이야기, 시민시대.

홍진숙 외(2015). 기초 한국음식, 교문사.

한춘섭 외(2016). 대한민국 조리기능장(한식), 에듀팩토리.

[논문 및 월간지]

권숙수·권우중 셰프. '틀린 것'이 아닌 '다른' 감각으로 한식의 고급화 실현할 것 : (월간)식당, 통권372호(2016년 3월), pp.118-121.

박종숙(2016). 한식 조리법의 위생과 계량화는 맛을 유지·발전시키는 가장 중요한 조건, 한식의 : 손맛보다 과학적 계량을 강조, 「nutriand」, 59(9), pp.48-51.

윤덕인(2013). 우리나라 전통음식의 조리법과 조리기기의 변천에 관한 연구, 「食品文化 한맛한얼지」, 6(1), pp.54-60.

조도희(1997). 우리나라 명절음식과 시절식에 관한 연구, 「産業開發硏究」, 5(12), pp.35-44.

한복려·김귀영(2018). 『癸未書』를 통해 본 조선시대 초기의 음식문화에 대한 고찰, 「韓國食生活文化學會誌」, 33(4), pp.307-321.

[웹사이트]

https://blog.naver.com/ju5566044/220662779159

저자약력

이우철

대한민국 조리기능장
한식, 양식, 중식, 일식, 복어 조리기능사 자격취득
조주기능사 자격취득
한식조리 산업기사 자격취득
복어조리 산업기사 자격취득
한국산업인력공단 조리기능장 심사위원
(사) 한국조리사협회 중앙회 부회장
(WACS) 세계조리사연맹 서울 국제 영셰프요리경연대회 조직위원
2015. '한식대첩' 3우승
2007. 설날특집 '요리왕중왕' 스타셰프상 수상
2007. 서울 국제요리대회 전통한식부문 금상
2017. 충남 금산 세계인삼엑스포전국요리대회 특별상
2019. 충남 전국요리대회 수산물이용부문 해양수산부장관상

이정삼

대한민국 한식, 조리명인, 한식조리대가
대한민국 국가대표 조리사
한식세계화 조리기술지도 파견조리사(LA, 샌프란시스코, 칠레, 홍콩)
'채널A' 먹거리 X파일 전국심사위원
서울타워호텔
와이키키관광호텔
한국과학기술원(KAIST) 조리부장, 총주방장
신세계푸드 연회사업부 팀장
대한민국 VIP 국가의전 연회조리사
2010. (WACS) 아시아태평양 국제요리대회 추진위원장
2011. 대전 한식세계화 전국요리대회 대회장
2012. (WACS) 대전세계조리사대회 조직위원
서울 국제 영셰프조리사대회 조직위원
(WACS) 세계조리사연맹 공로패(명예 국제심사위원)
(사) 한국조리사협회 중앙회 대전, 충남, 세종지회 지회장